COLEX

eBook gratuito en COLEX Online

⊘ Acceda a la página web de la editorial **www.colex.es**

⊘ Identifíquese con su usuario y contraseña. En caso de no disponer de una cuenta regístrese.

⊘ Acceda en el menú de usuario a la pestaña «Mis códigos» e introduzca el que aparece a continuación:

RASCAR PARA VISUALIZAR EL CÓDIGO

⊘ Una vez se valide el código, aparecerá una ventana de confirmación y su eBook estará disponible en la pestaña «Mis libros» en el menú de usuario

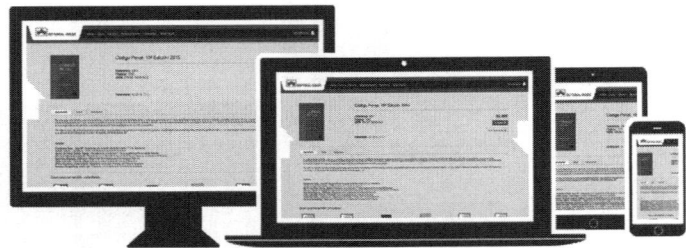

¡Gracias por confiar en Colex!

La obra que acaba de adquirir incluye de forma gratuita la versión electrónica. Acceda a nuestra página web para aprovechar todas las funcionalidades de las que dispone en nuestro lector.

Funcionalidades eBook

**Acceso desde
cualquier dispositivo**

**Idéntica visualización
a la edición de papel**

Navegación intuitiva

Tamaño del texto adaptable

Puede descargar la APP "Editorial Colex" para acceder a sus libros y a todos los códigos básicos actualizados.

Síguenos en: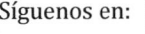

BENEFICIOS FISCALES PARA PERSONAS CON DISCAPACIDAD

Todas las claves para conocer y aplicar con éxito las principales ventajas fiscales relacionadas con la discapacidad en las CC. AA. de régimen común

BENEFICIOS FISCALES PARA PERSONAS CON DISCAPACIDAD

Todas las claves para conocer y aplicar con éxito
las principales ventajas fiscales relacionadas con la
discapacidad en las CC. AA. de régimen común

EDICIÓN 2024

**Obra realizada por el Departamento de
Documentación de Iberley**

COLEX 2024

© Editorial Colex, S.L.
Calle Costa Rica, número 5, 3.º B (local comercial)
A Coruña, 15004, A Coruña (Galicia)
info@colex.es
www.colex.es

I.S.B.N.: 978-84-1194-496-0
Depósito legal: C 770-2024

SUMARIO

ANEXO.
CASOS PRÁCTICOS

1.
INTRODUCCIÓN Y APROXIMACIÓN AL CONCEPTO

Aproximación al concepto de persona con discapacidad

Disminuidos, minusválidos, discapacitados... Todas estos términos han sido usados a lo largo de los años para referirse a las personas con discapacidad, siendo esta la terminología correcta para referirnos a aquellas personas que presentan deficiencias físicas, mentales, intelectuales o sensoriales, previsiblemente permanentes que, al interactuar con diversas barreras, puedan impedir su participación plena y efectiva en la sociedad, en igualdad de condiciones con los demás (primer párrafo del art. 4.1 del Real Decreto Legislativo 1/2013, de 29 de noviembre, por el que se aprueba el Texto Refundido de la Ley General de derechos de las personas con discapacidad y de su inclusión social).

¿Qué se entiende por discapacidad para referirnos a personas con discapacidad?

Según la definición dada en el artículo 2 de la Ley General de derechos de las personas con discapacidad y de su inclusión social, *«es una situación que resulta de la interacción entre las personas con deficiencias previsiblemente permanentes y cualquier tipo de barreras que limiten o impidan su participación plena y efectiva en la sociedad, en igualdad de condiciones con las demás»*.

Si bien es cierto que desde el año 2006 la ONU, a través de la Convención sobre los derechos de las personas con discapacidad, hecha en Nueva York el 13 de diciembre de 2006, ratificada por España el 3 de diciembre de 2007 y en vigor desde el 3 de mayo de 2008, fue la que fijó como expresión correcta «persona con discapacidad», dejando de lado expresiones —en muchos casos— de carácter peyorativo para referirnos a estas personas, en nuestra Constitución —como norma que consagra la dignidad de la persona y el libre desarrollo de la personalidad— no se ha eliminado el término «disminuidos» hasta el año 2024. El 17 de febrero se publicaba en el BOE la Reforma del artículo 49 de la Constitución Española, de 15 de febrero de 2024, entrando en vigor el mismo día de su publicación, pasando a tener la siguiente redacción:

> «1. Las personas con discapacidad ejercen los derechos previstos en este Título en condiciones de libertad e igualdad reales y efectivas. Se regulará por ley la protección especial que sea necesaria para dicho ejercicio.
>
> 2. Los poderes públicos impulsarán las políticas que garanticen la plena autonomía personal y la inclusión social de las personas con discapacidad, en entornos universalmente accesibles. Asimismo, fomentarán la participación de sus organizaciones, en los términos que la ley establezca. Se atenderán particularmente las necesidades específicas de las mujeres y los menores con discapacidad».

|| Reformas legislativas en materia de discapacidad

Además de la ya comentada reforma del artículo 49 de la Constitución española, tras la Convención sobre los derechos de las personas con discapacidad, hecha en Nueva York el 13 de diciembre de 2006, nuestra legislación —tanto estatal como autonómica— se ha ido adaptando a la normativa internacional. Particularmente destaca, a nivel estatal, la Ley 26/2011, de 1 de agosto, de adaptación normativa a la Convención Internacional sobre los Derechos de las Personas con Discapacidad, y el texto refundido de la Ley General de derechos de las personas con discapacidad y de su inclusión social, aprobado mediante Real Decreto Legislativo 1/2013, de 29 de noviembre. Más recientemente, la Ley Orgánica 2/2018, de 5 de diciembre, para la modificación de la Ley Orgánica 5/1985, de 19 de junio, del Régimen Electoral General para garantizar el derecho de sufragio de todas las personas con discapacidad y la Ley 8/2021, de 2 de junio, por la que se reforma la legislación civil y procesal para el apoyo a las personas con discapacidad en el ejercicio de su capacidad jurídica.

Ley General de derechos de las personas con discapacidad y de su inclusión social

El Real Decreto Legislativo 1/2013, de 29 de noviembre, por el que se aprueba el Texto Refundido de la Ley General de derechos de las personas con discapacidad y de su inclusión social, publicado en el BOE del 3 de diciembre de 2013, es una norma con un doble objetivo:

a) Garantizar el derecho a la igualdad de oportunidades y de trato, así como el ejercicio real y efectivo de derechos por parte de las personas con discapacidad en igualdad de condiciones respecto del resto de ciudadanos y ciudadanas, a través de la promoción de la autonomía personal, de la accesibilidad universal, del acceso al empleo, de la inclusión en la comunidad y la vida independiente y de la erradicación de toda forma de discriminación, conforme a los artículos 9.2, 10, 14 y 49 de la Constitución Española y a la Convención Internacional sobre los Derechos de las Personas con Discapacidad y los tratados y acuerdos internacionales ratificados por España.

b) Establecer el régimen de infracciones y sanciones que garantizan las condiciones básicas en materia de igualdad de oportunidades, no discriminación y accesibilidad universal de las personas con discapacidad.

Como ya dijimos anteriormente, según esta norma **tendrán la consideración de personas con discapacidad** (art. 4):

- Aquellas que presentan deficiencias físicas, mentales, intelectuales o sensoriales, previsiblemente permanentes que, al interactuar con diversas barreras, puedan impedir su participación plena y efectiva en la sociedad, en igualdad de condiciones con los demás.

- Aquellas a quienes se les haya reconocido un grado de discapacidad igual o superior al 33 %.

- A los efectos de la sección 1.ª del capítulo V y del capítulo VIII del título I, así como del título II, se considerará que presentan una discapacidad en grado igual o superior al 33 % las personas pensionistas de la Seguridad Social que tengan reconocida una pensión de incapacidad permanente en el grado de total, absoluta o gran invalidez y las personas pensionistas de clases pasivas que tengan reconocida una pensión de jubilación o de retiro por incapacidad permanente para el servicio o inutilidad.

‖ Reconocimiento del grado de discapacidad

Es el Real Decreto 888/2022, de 18 de octubre, el que establece el procedimiento a seguir para el reconocimiento, declaración y calificación del grado de discapacidad. Como decimos tiene por objeto *«la regulación del procedimiento para el reconocimiento, declaración y calificación del grado de discapacidad, el establecimiento de los baremos aplicables, así como la determinación de los órganos competentes, todo ello con la finalidad de que la evaluación del grado de discapacidad que afecte a la persona sea uniforme en todo el territorio del Estado, garantizando con ello la igualdad de condiciones para el acceso de la ciudadanía a los derechos previstos en la legislación».*

Las situaciones de discapacidad se califican en **grados** según el alcance de las mismas, clasificación que responde a criterios técnicos unificados, fijados mediante los **baremos** que se acompañan como anexos I, II, III, IV, V y VI a este real decreto, y serán objeto de evaluación, tanto las deficiencias, las limitaciones en la actividad y las restricciones en la participación que presente la persona, como, en su caso, los Factores Contextuales/Barreras Ambientales. El **grado de discapacidad** resultante **se expresará en porcentaje**.

> **A TENER EN CUENTA.** La evaluación de la discapacidad se realizará de acuerdo con lo estipulado en el artículo 4 de este Real Decreto 888/2022, de 18 de octubre.

Los dictámenes correspondientes para el reconocimiento de grado de discapacidad serán emitidos por equipos multiprofesionales de calificación y reconocimiento del grado de discapacidad, que son los órganos técnicos competentes de las comunidades autónomas y los equipos de valoración y orientación del Imserso en su ámbito competencial.

‖ Calificación del grado de discapacidad

Es el artículo 8 del Real Decreto 888/2022, de 18 de octubre, el que establece que la evaluación de las situaciones de discapacidad y la calificación de su grado se efectuará previo examen de la persona interesada, por los **equipos multiprofesionales** de calificación y reconocimiento del grado de discapacidad.

El proceso de evaluación se realizará en condiciones de accesibilidad universal, incluidos los ajustes razonables para que las personas solicitantes puedan interactuar con el equipo multiprofesional de calificación y reconocimiento del grado de discapacidad. La persona solicitante podrá estar acompañada por una persona de su confianza durante el proceso.

En caso de que las especiales circunstancias de la persona lo aconsejen, el órgano competente para resolver, de oficio o a instancia de la persona interesada, puede acordar que el equipo multiprofesional realice la valoración por medios no presenciales o telemáticos, quedando garantizada en todo caso la accesibilidad universal y considerando los factores contextuales y ambientales en el entorno habitual de residencia de la persona. El seno de la Comisión Estatal de Coordinación y Seguimiento de la Valoración del Grado de Discapacidad elaborará y revisará la relación de circunstancias especiales.

Se puede acordar, a propuesta del equipo multiprofesional por el órgano competente para resolver, si se requiere la cooperación de las organizaciones sociales de la discapacidad, al objeto de informar, auxiliar, asistir o aportar conocimiento experto en todas las cuestiones relacionadas con la valoración de la discapacidad.

Los menores y las personas con medidas de apoyo para el ejercicio de su capacidad jurídica tienen derecho a ser informados, oídos y escuchados sin discriminación por razón de la edad o discapacidad. Los menores con discapacidad ejercerán sus derechos en igualdad de condiciones con los demás menores, recibiendo la asistencia apropiada con arreglo a su discapacidad y edad.

El equipo multiprofesional emite un **dictamen propuesta**, que debe contener como mínimo:

- El grado de discapacidad.
- Las puntuaciones obtenidas con la aplicación de los distintos baremos contenidos en los anexos de este real decreto.
- Los códigos de diagnóstico, deficiencia, limitaciones en la actividad, restricciones en la participación, barreras ambientales, y cualesquiera otros que puedan establecerse.
- Las puntuaciones de los baremos para determinar la necesidad del concurso de otra persona, en su caso.
- La existencia de dificultades de movilidad para utilizar transportes públicos colectivos, en su caso.

|| Resolución por parte de la Administración

La Administración competente (órganos competentes de las comunidades autónomas o, en el caso de las ciudades de Ceuta y Melilla, al Imserso) debe dictar **resolución expresa**, a la vista del dictamen propuesta, sobre el **reconocimiento de grado de discapacidad y sobre la puntuación obtenida en los baremos** para determinar la necesidad del concurso de otra persona o dificultades de movilidad si procediera. Se debe dictar y notificar en el **plazo máximo de 6 meses** desde la fecha de presentación de la solicitud, junto con la resolución del dictamen propuesta.

El reconocimiento de grado de discapacidad se entenderá producido desde la fecha de solicitud y tendrá validez en todo el territorio del Estado. Asimismo, debe de aparecer en la resolución la fecha en que puede tener lugar la revisión.

> **A TENER EN CUENTA.** Se prevé en el artículo 10 del Real Decreto 888/2022, de 18 de octubre, la tramitación de urgencia del procedimiento de reconocimiento de grado de discapacidad.

Respecto a la **certificación del tipo de discapacidad**, a instancia de la persona interesada, con o sin medidas de apoyo para el ejercicio de su capacidad jurídica, se certificará por la Administración competente el tipo o los tipos de deficiencia o deficiencias que determinan el grado de discapacidad reconocida, conforme a la información que conste en el expediente, a los efectos que requiera la acreditación para la que se solicita. La Administración competente emitirá el certificado en el plazo máximo de 15 días naturales siguientes al de la presentación de la solicitud.

|| Tarjeta acreditativa del grado de discapacidad

Una vez reconocido el grado de discapacidad, la Administración competente emite una tarjeta que acredita el grado de discapacidad, válida en todo el territorio del Estado, que contendrá como mínimo:

- Datos identificativos.
- Grado de discapacidad.
- Periodo de vigencia.
- Dificultades de movilidad, en su caso.
- Necesidad de tercera persona, en su caso.
- Medidas de seguridad y confidencialidad.

|| Revisión del grado de discapacidad

El grado de discapacidad puede ser revisado (art. 12 del Real Decreto 888/2022, de 18 de octubre) si se prevé una **modificación de las circunstancias** que dan lugar a su reconocimiento y, en todo caso, en la **fecha de revisión** prevista en el artículo 9.3 de esta norma.

El grado de discapacidad será revisable:

- De oficio por la Administración competente, por alguna de las siguientes causas.
  - En la fecha de revisión prevista en la resolución de reconocimiento de grado de discapacidad.
  - Cuando sean conocedoras de circunstancias que puedan dar lugar a una modificación del grado de discapacidad.
  - Cuando se constate la omisión o inexactitud en las informaciones de las personas usuarias.
- A instancia de la persona interesada, con o sin medidas de apoyo para el ejercicio de su capacidad jurídica:
  - Cuando hubieran transcurrido al menos dos años desde la fecha de la resolución.
  - Excepcionalmente, este plazo puede reducirse, cuando se acredite documentalmente que se han producido cambios sustanciales en las circunstancias que motivaron el reconocimiento del grado de discapacidad o un error cuya corrección implique un cambio en el grado reconocido.
  - Asimismo, la persona interesada podrá instar la incoación del procedimiento de revisión a partir de la fecha prevista a tal efecto en la resolución de reconocimiento del grado de discapacidad, aunque esta sea anterior al referido plazo de dos años, para el caso de que la Administración competente no haya procedido a la iniciación de oficio.

A TENER EN CUENTA. Cuando la Administración competente no haya revisado el grado de discapacidad en plazo, por causas ajenas a la persona interesada, se mantendrá el grado de discapacidad hasta que haya una nueva resolución.

Reclamación previa contra las resoluciones de reconocimiento y revisión del grado de discapacidad

De acuerdo con lo previsto en el artículo 13 del Real Decreto 888/2022, de 18 de octubre, contra las resoluciones de reconocimiento de grado de discapacidad y de revisión del grado de discapacidad que se dicten por la Administración competente, **las personas interesadas, con o sin medidas de apoyo para el ejercicio de su capacidad jurídica, podrán interponer reclamación previa a la vía jurisdiccional social,** de conformidad con lo dispuesto en el artículo 71 de la Ley 36/2011, de 10 de octubre, reguladora de la jurisdicción social (LJS).

Esta reclamación previa se interpondrá ante el órgano competente que haya dictado resolución sobre la solicitud inicial del interesado, en el plazo de 30 días desde la notificación de la misma, si es expresa, o desde la fecha en que, conforme a la normativa reguladora del procedimiento de que se trate, deba entenderse producido el silencio administrativo.

Una vez formulada la reclamación, esta deberá ser contestada expresamente en el plazo de 45 días, en caso contrario se entenderá denegada por silencio administrativo.

En caso de denegación expresa de la reclamación o denegación tácita por silencio administrativo, se podrá presentar demanda en el plazo de 30 días desde la fecha la notificación de la resolución o desde que se entienda denegada por silencio.

2.
BENEFICIOS FISCALES EN EL IRPF

El IRPF y las personas con discapacidad

El Impuesto sobre la Renta de las Personas Físicas (IRPF) es un tributo de carácter personal y directo que grava la renta de las personas físicas de acuerdo con su naturaleza y sus circunstancias personales y familiares, de acuerdo con su definición en el artículo 1 de la Ley 35/2006, de 28 de noviembre (en adelante, LIRPF).

Este carácter personal del impuesto implica que tiene en cuenta las condiciones personales del contribuyente y de aquellas personas que se encuentran a su cargo.

Concretamente, el IRPF contempla determinados beneficios para las personas con discapacidad, que se desarrollan a lo largo de toda la LIRPF, pero que exigen, en primer lugar, tener la consideración de persona con discapacidad, cuyos requisitos se exponen en el siguiente apartado.

2.1. Consideración y acreditación como persona con discapacidad a efectos del impuesto

|| Consideración de persona con discapacidad a efectos del IRPF

Aunque la definición de persona con discapacidad se encuentra en el artículo 4 del Real Decreto Legislativo 1/2013, de 29 de noviembre, por el que se aprueba el Texto Refundido de la Ley General de derechos de las personas con discapacidad y de su inclusión social, a efectos del IRPF se debe acudir al **artículo 60.3** de la LIRPF, que establece:

> «3. A los efectos de este Impuesto, tendrán la consideración de personas con discapacidad los contribuyentes que acrediten, en las condiciones que reglamentariamente se establezcan, un grado de discapacidad igual o superior al 33 por ciento.

En particular, se considerará acreditado un grado de discapacidad igual o superior al 33 por ciento en el caso de los pensionistas de la Seguridad Social que tengan reconocida una pensión de incapacidad permanente total, absoluta o gran invalidez y en el caso de los pensionistas de clases pasivas que tengan reconocida una pensión de jubilación o retiro por incapacidad permanente para el servicio o inutilidad. Igualmente, se considerará acreditado un grado de discapacidad igual o superior al 65 por ciento, cuando se trate de personas cuya incapacidad sea declarada judicialmente, aunque no alcance dicho grado».

Por su parte, el artículo 72 del RIRPF establece los requisitos para **acreditar la condición de persona con discapacidad y la necesidad de ayuda de otra persona o la existencia de dificultades de movilidad:**

«1. A los efectos del Impuesto sobre la Renta de las Personas Físicas, tendrán la consideración de persona con discapacidad aquellos contribuyentes con un grado de minusvalía igual o superior al 33 por ciento.

El grado de minusvalía deberá acreditarse mediante certificado o resolución expedido por el Instituto de Migraciones y Servicios Sociales o el órgano competente de las Comunidades Autónomas. En particular, se considerará acreditado un grado de minusvalía igual o superior al 33 por ciento en el caso de los pensionistas de la Seguridad Social que tengan reconocida una pensión de incapacidad permanente total, absoluta o gran invalidez y en el caso de los pensionistas de clases pasivas que tengan reconocida una pensión de jubilación o retiro por incapacidad permanente para el servicio o inutilidad. Igualmente, se considerará acreditado un grado de minusvalía igual o superior al 65 por ciento, cuando se trate de personas cuya incapacidad sea declarada judicialmente, aunque no alcance dicho grado.

2. A efectos de la reducción por rendimientos del trabajo obtenidos por personas con discapacidad prevista en el artículo 20.3 de la Ley del Impuesto, los contribuyentes con discapacidad deberán acreditar la necesidad de ayuda de terceras personas para desplazarse a su lugar de trabajo o para desempeñar el mismo, o la movilidad reducida para utilizar medios de transporte colectivos, mediante certificado o resolución del Instituto de Migraciones y Servicios Sociales o el órgano competente de las Comunidades Autónomas en materia de valoración de las minusvalías, basándose en el dictamen emitido por los Equipos de Valoración y Orientación dependientes de las mismas».

Por lo tanto, para **acceder a los beneficios fiscales** establecidos para aquellas personas con discapacidad, se deben cumplir alguno de los siguientes requisitos:

- Acreditar un grado de discapacidad igual o superior al 33 %:
  - Por medio de certificado o resolución expedido por el Instituto de Migraciones y Servicios Sociales o el órgano competente de las comunidades autónomas.

- Se considerará acreditado un grado de discapacidad igual o superior al 33 %:

  - Pensionistas que tengan reconocida una pensión de incapacidad permanente total, absoluta o gran invalidez.

  - Pensionistas de clases pasivas que tengan reconocida una pensión de jubilación o retiro por incapacidad permanente para el servicio o inutilidad.

- Se considerará acreditado un grado de discapacidad igual o superior al 65 %, cuando se trate de personas con medidas de apoyo, aunque no alcance dicho grado.

CUESTIÓN

Carlos desconoce qué grado de discapacidad padece, pero tiene reconocida una pensión de incapacidad absoluta. En cambio, Laura tiene una discapacidad del 40 %. ¿Deberán acreditar ambos su grado de discapacidad del mismo modo a los efectos del IRPF?

No, únicamente tendrá que acreditarlo específicamente Laura, ya que como Carlos tiene reconocida una pensión de incapacidad absoluta, se considera que por ello ya tiene acreditado un grado de discapacidad igual o superior al 33 % a efectos del IRPF, de conformidad con el artículo 72 del RIRPF.

RESOLUCIÓN RELEVANTE

Sentencia del Tribunal Supremo n.º 294/2023, de 8 de marzo, ECLI:ES:TS:2023:837

Asunto: método de acreditar el grado de discapacidad con efectos del IRPF.

«Con carácter general, el artículo 60 de la Ley de IRPF, relativo al mínimo por discapacidad, no acota ni relaciona los mecanismos de prueba de los que los contribuyentes se pueden servir para demostrar un grado de discapacidad, igual o superior al 33 por ciento, toda vez que se remite para su acreditación a las «condiciones que reglamentariamente se establezcan».

Por tanto, cabe apuntar como primera conclusión, que el certificado o la resolución controvertidos (del IMSERSO o del órgano autonómico competente acreditativo de la discapacidad y su grado) no se encuentran configurados por una norma con rango de ley, como requisito o condición para la aplicación del beneficio fiscal.

(...)

Consecuentemente, el precepto legal no excluye o restringe los medios para acreditar el grado de discapacidad, aunque confía esta cuestión al desarrollo reglamentario. Pasando al examen de la norma reglamentaria, ciertamente, una primera lectura del artículo 72 del Reglamento del IRPF, podría llevar a considerar que limita la prueba del grado de minusvalía, en la medida que -según dicho precepto-, deberá acreditarse mediante certificado o resolución expedido por el Instituto de Migraciones y Servicios Sociales o el órgano competente de las Comunidades Autónomas.

Sin embargo, consideramos que esa disposición reglamentaria, contextualizada por la Ley del IRPF y por otros preceptos y principios de nuestro ordenamiento jurídico, ofrece un amplio margen de interpretación, precisamente, para sostener lo contrario.

1.- Porque no señala, explícitamente, que tales resoluciones o certificados sean pruebas exclusivas y excluyentes.

2.- Porque, como se ha apuntado, debe realizarse una lectura del art. 72 del Reglamento del IRPF, en sintonía con el artículo 60 Ley IRPF que, como hemos visto, no contiene criterio restrictivo alguno; al contrario, favorece la prueba a pensionistas y a quienes han sido objeto de una declaración judicial de incapacidad, lo que reproduce también la norma reglamentaria.

El artículo 72 del Reglamento IRPF, lejos de restringir la prueba de la discapacidad, introduce un criterio de objetividad -no debe perderse de vista, a los exclusivos efectos del art 60 Ley de IRPF- para la acreditación de su grado, sobre la base de los citados certificados o resoluciones. Evidentemente, esa vía se presenta como la más segura y eficiente a los efectos de demostrar la discapacidad y su graduación, de modo que, quien disponga de un certificado o resolución a su favor, estará ya liberado, por efecto del artículo 72 del Reglamento IRPF, de cualquier otra demostración adicional.

Sin embargo, no es la única, pues, si tal conclusión pudiera fundarse en criterios de seguridad jurídica, excluir la prueba de la discapacidad a través de otros medios -insistimos, a los solos efectos fiscales- conculcaría principios y derechos, de los que, a continuación, daremos oportuna cuenta.

3.- Porque la libertad que, en cuanto a la elección de medios de prueba, reconoce el ordenamiento jurídico administrativo, en general, en el artículo 77 (medios y período de prueba) de Ley 39/2015, del Procedimiento Administrativo Común de las Administraciones Públicas; y, en particular, en el artículo 106 LGT, opera como marco interpretativo del referido precepto reglamentario.

(...)

Atendiendo a las circunstancias específicas del caso, con la finalidad de aplicar el mínimo por discapacidad del artículo 60 de la Ley 35/2006, de 28 de noviembre, del Impuesto sobre la Renta de las Personas Físicas, el grado de discapacidad resultará acreditado mediante la aportación del correspondiente certificado o resolución, expedidos por el Instituto de Migraciones y Servicios Sociales o el órgano competente de las comunidades autónomas, a los que se refiere el art 72 del Reglamento del impuesto, sin perjuicio de la posibilidad de utilizar cualquier otro medio de prueba admitido en derecho, como aquí ha ocurrido».

2.2. Prestaciones y ayudas exentas

Prestaciones y ayudas exentas en el IRPF para personas con discapacidad

Aunque el IRPF grava la renta de las personas físicas, se trata de un tributo que tiene en cuenta las circunstancias personales y familiares del contribuyente. Concretamente, el artículo 7 de la LIRPF determina la exención de las siguientes rentas obtenidas por personas con discapacidad o sus familiares por medio de prestaciones o ayudas:

- **Las prestaciones económicas percibidas de instituciones públicas con motivo del acogimiento de personas con discapacidad, mayores de 65 años o menores,** sea en la modalidad simple, permanente o preadoptivo o las equivalentes previstas en los ordenamientos de las comunidades autónomas, incluido el acogimiento en la ejecución de la medida judicial de convivencia del menor con persona o familia previsto en la Ley Orgánica 5/2000, de 12 de enero, reguladora de la responsabilidad penal de los menores.

- **Los rendimientos del trabajo derivados de las prestaciones obtenidas en forma de renta por las personas con discapacidad** correspondientes a las aportaciones a sistemas de previsión social constituidos a favor de personas con discapacidad a las que se refiere el artículo 53 de la LIRPF, hasta un importe máximo anual de tres veces el indicador público de renta de efectos múltiples.

- Con el mismo límite del punto anterior, también estarán exentos **los rendimientos del trabajo derivados de las aportaciones a patrimonios protegidos** de las personas con discapacidad a los que se refiere la D.A. 18.ª de la LIRPF, que atribuye tal consideración:

  - Cuando los aportantes sean contribuyentes del IRPF, tendrán la consideración de rendimientos del trabajo hasta el importe de 10.000 euros anuales por cada aportante y de 24.250 euros anuales en conjunto.

  - Cuando los aportantes sean sujetos pasivos del IS, tendrán la consideración de rendimientos del trabajo siempre que hayan sido gasto deducible en el IS con el límite de 10.000 euros.

> **A TENER EN CUENTA.** Según el artículo 71 del RIRPF, los titulares de patrimonios protegidos deberán remitir una declaración informativa sobre las aportaciones recibidas y las disposiciones realizadas durante cada año natural.

- La prestación de la Seguridad Social del Ingreso Mínimo Vital, las prestaciones económicas establecidas por las comunidades autónomas en concepto de renta mínima de inserción para garantizar recursos económicos de subsistencia a las personas que carezcan de ellos, así como **las demás ayudas establecidas** por estas o por entidades locales **para atender**, con arreglo a su normativa, a colectivos en riesgo de exclusión social, situaciones de emergencia social, necesidades habitacionales de personas sin recursos o necesidades de alimentación, escolarización y demás necesidades habitacionales de personas sin recursos o necesidades de alimentación, escolarización y demás **necesidades básicas de menores o personas con discapacidad cuando ellos y las personas a su cargo, carezcan de medios económicos suficientes, hasta un importe máximo anual conjunto de 1,5 veces el indicador público de rentas de efectos múltiples.**

- Se encontrarán exentas también **las ayudas económicas otorgadas por instituciones públicas a personas con discapacidad con un grado de discapacidad igual o superior al 65 % o mayores de 65 años**

para financiar su estancia en residencias o centros de día, siempre que el resto de sus rentas no excedan del doble del indicador público de renta de efectos múltiples.

- Las **prestaciones reconocidas al contribuyente por la Seguridad Social o por las entidades que la sustituyan como consecuencia de incapacidad permanente absoluta o gran invalidez.**

- Igualmente, las **prestaciones reconocidas a los profesionales no integrados en el régimen especial de la Seguridad Social de los trabajadores por cuenta propia o autónomos por las mutualidades de previsión social que actúen como alternativas al régimen especial de la Seguridad Social, siempre que se trate de prestaciones en situaciones idénticas** a las previstas para la incapacidad permanente absoluta o gran invalidez de la Seguridad Social. La cuantía exenta tendrá como límite el importe de la prestación máxima que reconozca la Seguridad Social por el concepto que corresponda.

  El exceso tributará como rendimiento del trabajo, entendiéndose producido, en caso de concurrencia de prestaciones de la Seguridad Social y de las mutualidades antes citadas, en las prestaciones de estas últimas.

- Las **pensiones por inutilidad o incapacidad permanente del régimen de clases pasivas**, siempre que la lesión o enfermedad que hubiera sido causa de aquellas inhabilitara por completo al perceptor de la pensión para toda profesión u oficio.

- Las **prestaciones por maternidad o paternidad y las familiares no contributivas** reguladas, respectivamente, en los capítulos VI y VII del título II y en el capítulo I del título VI del Real Decreto Legislativo 8/2015, de 30 de octubre, y las pensiones y los haberes pasivos de orfandad y a favor de nietos y hermanos, menores de 22 años o incapacitados para todo trabajo, percibidos de los regímenes públicos de la Seguridad Social y clases pasivas.

  Asimismo, las prestaciones reconocidas a los profesionales no integrados en el régimen especial de la Seguridad Social de los trabajadores por cuenta propia o autónomos por las mutualidades de previsión social que actúen como alternativas al régimen especial de la Seguridad Social mencionado, siempre que se trate de prestaciones en situaciones idénticas a las previstas en el párrafo anterior por la Seguridad Social para los profesionales integrados en dicho régimen especial. La cuantía exenta tendrá como límite el importe de la prestación máxima que reconozca la Seguridad Social por el concepto que corresponda. El exceso tributará como rendimiento del trabajo, entendiéndose producido, en caso de concurrencia de prestaciones de la Seguridad Social y de las mutualidades antes citadas, en las prestaciones de estas últimas.

- Las **prestaciones económicas públicas vinculadas al servicio, para cuidados en el entorno familiar y de asistencia personalizada** que se derivan de la Ley de promoción de la autonomía personal y atención a las personas en situación de **dependencia**.

CUESTIONES

1. Paula tiene un grado de discapacidad superior al 33 % y tiene constituido un patrimonio protegido conforme a lo dispuesto en la Ley 41/2003, de 18 de noviembre. Sus tíos Jorge, Juan y Ana quieren aportar 10.000 euros cada uno a dicho patrimonio. ¿Qué calificación tendrán estas aportaciones en el IRPF de Paula? ¿Y cómo afectarán a sus tíos?

Las aportaciones se considerarán como un rendimiento del trabajo en el IRPF de Paula de acuerdo con la disposición adicional decimoctava de la LIRPF, hasta el importe de 10.000 euros anuales por cada aportante y 24.250 euros anuales en conjunto. Además, les resultará de aplicación la exención que establece el artículo 7.w) de LIRPF, hasta un importe máximo anual de tres veces el indicador público de renta de efectos múltiples.

Por otro lado, para sus tíos, las aportaciones darán derecho a reducir su base imponible hasta 10.000 euros anuales cada uno, pero solo cuando el conjunto de las reducciones no exceda de 24.250 euros anuales. En este supuesto, la suma total de aportaciones a favor del mismo patrimonio protegido es de 30.000 euros, por lo que las reducciones se minorarán de forma proporcional hasta la cifra de los 24.250 euros y las cantidades restantes darán derecho a reducir la base imponible de los cuatro periodos impositivos siguientes, hasta agotar, en su caso, en cada uno de ellos, los importes máximos de reducción, de conformidad con el artículo 54 de la LIRPF.

2. Carlos y Marta perciben 700 euros al mes de la Xunta de Galicia por acoger a Jorge, un niño de 7 años con una discapacidad. ¿Qué efecto tendrá en el IRPF?

Esta cantidad se encuentra exenta de tributación en el IRPF, de acuerdo con lo establecido en el artículo 7.i) de la LIRPF.

RESOLUCIÓN ADMINISTRATIVA

Consulta vinculante de la Dirección General de Tributos (V0251-23), de 14 de febrero de 2023

Asunto: posibilidad de exención en IRPF de una pensión por incapacidad percibida del extranjero.

«El artículo 7.f) de la LIRPF declara rentas exentas a "las prestaciones reconocidas al contribuyente por la Seguridad Social o por las entidades que la sustituyan como consecuencia de incapacidad permanente absoluta o gran invalidez".

De acuerdo con el artículo 194 y la disposición transitoria vigésima sexta del texto refundido de la Ley General de la Seguridad Social, aprobado por Real Decreto Legislativo 8/2015, de 30 de octubre (BOE de 31 de octubre), la incapacidad permanente admite -en el ámbito de la Seguridad Social- cuatro graduaciones, configuradas de la siguiente forma:

- Parcial: disminución superior al 33 por 100 para la profesión habitual, que no impide realizar las tareas fundamentales del trabajo.

- Total: impide todas las tareas, o al menos las fundamentales, de la profesión habitual, pero permite dedicarse a otra profesión.

- Absoluta: aquella situación que inhabilita para toda profesión u oficio.

- Gran invalidez: situación que afecta al trabajador y produce los mismos efectos que la absoluta, pero que, además, como consecuencia de pérdidas anatómicas o funcionales, se necesita la asistencia de otra persona para realizar los actos más esenciales de la vida, tales como vestirse, desplazarse, comer o análogos.

De lo anterior se deriva, tal y como ha reiterado este Centro Directivo (consultas V1471-07, V2113-10, V4005-15), que una pensión por invalidez percibida del extranjero, por un contribuyente de este impuesto, goza de exención, en virtud de lo dispuesto en el artículo 7.f) de la LIRPF, siempre que se cumplan los siguientes requisitos:

1º.- Que el grado de incapacidad reconocido pueda equipararse en sus características a la incapacidad absoluta o gran invalidez.

2º.- Que la entidad que satisface la prestación goce, según la normativa del correspondiente país extranjero, del carácter de sustitutoria de la Seguridad Social.

Requisitos estos que deberán poderse acreditar por cualquier medio de prueba admitido en Derecho, conforme dispone el artículo 106 de la Ley 58/2003, de 17 de diciembre, General Tributaria (BOE del 18), ante los órganos de gestión e inspección de la Administración Tributaria a quienes corresponderá, en su caso, la valoración de las pruebas aportadas.

Finalmente, señalar que no corresponde a este Centro directivo pronunciarse sobre si existe equiparación o, en su caso, homologación de prestaciones por incapacidad permanente en sus grados de absoluta o gran invalidez, entre los distintos regímenes públicos de la Seguridad Social, es decir, el propio de la normativa española en comparación o en referencia a cualquiera otras que regulen la Seguridad Social en el extranjero, por no ser competente por razón de la materia sobre este particular.

En este sentido, el Tribunal Supremo, en sentencia 346/2019, de 14 de marzo de 2019».

RESOLUCIÓN RELEVANTE

Sentencia del Tribunal Supremo n.º 346/2019, de 14 de marzo, ECLI:ES:TS:2019:810

Asunto: requisitos para la exención en IRPF de las pensiones por incapacidad o invalidez extranjeras.

«1.- El reconocimiento de una pensión de invalidez en Suiza con un nivel del cien por cien no basta, por sí solo, para equiparar dicha pensión con una prestación de incapacidad permanente absoluta del sistema español de Seguridad Social; porque en aquel Estado, a diferencia de lo que acontece en España, no se distingue entre un grado de incapacidad que está referida sólo a la profesión que ejercía el interesado (aunque la impida en la totalidad de los cometidos de esa profesión) y otro grado superior que se proyecta también sobre otras profesiones.

2.- La calificación de si una situación merece la consideración de incapacidad permanente absoluta corresponde al Instituto Nacional de la Seguridad Social a través de los órganos reglamentariamente establecidos para examinar al interesado y emitir el correspondiente dictamen propuesta; y recae sobre el interesado la carga de aportar ante esos órganos todos los elementos que permitan probar cual fue la concreta situación que determinó la pensión extranjera cuya equiparación se pretenda con una pensión de invalidez absoluta del sistema español de Seguridad Social».

2.3. Particularidades cuando se tiene un trabajo o ejerce una actividad

Particularidades en el IRPF cuando se ejerce una actividad siendo una persona con discapacidad

El marco jurídico del IRPF contempla una serie de medidas que buscan apoyar a las personas con discapacidad en el ámbito tributario, con el objetivo de fomentar su integración laboral y garantizar su bienestar económico. Estas medidas destinadas a promover su inclusión y facilitar su participación en el mercado laboral se establecen tanto para los casos en los que ejercen una actividad por cuenta propia, generando rendimientos de actividades económicas, como si lo hacen por cuenta ajena, generando rendimientos de trabajo. A continuación, se expondrán las diferencias entre los incentivos fiscales existentes en ambos tipos de rendimientos.

|| Rendimientos del trabajo

Los rendimientos íntegros del trabajo regulados en el artículo 17 de la LIRPF están formados por todas las contraprestaciones o utilidades, dinerarias o en especie, que deriven directa o indirectamente del trabajo personal o de la relación laboral o estatutaria y que no tengan la consideración de rendimientos de actividades económicas. Así, por ejemplo, incluyen los sueldos y salarios, las prestaciones por desempleo, las remuneraciones en concepto de gastos de representación, las dietas y asignaciones para gastos de viaje, entre otras, así como las aportaciones realizadas al patrimonio protegido de las personas con discapacidad en los términos de la D.A. 18.ª de la LIRPF.

Como regla general, el rendimiento íntegro del trabajo se computará en su totalidad, salvo que le resulte de aplicación alguno de los porcentajes de reducción del artículo 18 de la LIRPF. Por otro lado, el rendimiento neto se encuentra regulado en el artículo 19 de la LIRPF, surge a raíz de disminuir el rendimiento íntegro en el importe de los gastos deducibles.

Los **gastos deducibles** se describen en el apartado 2 del artículo 19 de la LIRPF, encontrándose, por un lado, los siguientes:

- Las cotizaciones a la Seguridad Social o a mutualidades generales obligatorias de funcionarios.

- Las detracciones por derechos pasivos.

- Las cotizaciones a los colegios de huérfanos o entidades similares.

- Las cuotas satisfechas a sindicatos y colegios profesionales, cuando la colegiación tenga carácter obligatorio, en la parte que corresponda a los fines esenciales de estas instituciones, y con el límite que reglamentariamente se establezca.

- Los gastos de defensa jurídica derivados directamente de litigios suscitados en la relación del contribuyente con la persona de la que percibe los rendimientos, con el límite de 300 euros anuales.

Por otro lado, en concepto de gastos distintos de los anteriores, podrán deducirse 2.000 euros anuales; cantidad que, además, se puede ampliar en los siguientes supuestos:

- En caso de que el contribuyente sea un desempleado inscrito en la oficina de empleo que acepte un puesto de trabajo que exija el traslado de su residencia habitual a un nuevo municipio, en las condiciones que reglamentariamente se determinen, se incrementarán los 2.000 euros previos, en el período impositivo en el que se produzca el cambio de residencia y en el siguiente, en 2.000 euros anuales adicionales.

- Tratándose de **personas con discapacidad que obtengan rendimientos del trabajo como trabajadores activos**, se incrementará dicha cuantía en **3.500 euros anuales**. Dicho incremento será de **7.750 euros anuales,** para las personas con discapacidad que siendo trabajadores activos acrediten necesitar ayuda de terceras personas o movilidad reducida, o un grado de discapacidad igual o superior al 65 %.

Estos gastos distintos de los anteriores, regulados de la letra f) del artículo 19.2 de la LIRPF, tendrán como límite el rendimiento íntegro del trabajo una vez minorado por el resto de los gastos deducibles. En este sentido, cabe destacar que el artículo 11.2 del RIRPF dispone lo siguiente:

«A efectos de la aplicación del límite previsto en el último párrafo de la letra f) del artículo 19.2 de la Ley del Impuesto, cuando el contribuyente obtenga en el mismo período impositivo rendimientos derivados de un trabajo que permita computar un mayor gasto deducible de los previstos en el segundo y tercer párrafo de dicha letra f) y otros rendimientos del trabajo, el incremento del gasto deducible se atribuirá exclusivamente a los rendimientos íntegros del trabajo señalados en primer lugar».

Para clarificar los preceptos relativos a la **limitación de los gastos deducibles del artículo 19.2.f) de la LIRPF**, la **Dirección General de Tributos, en la consulta vinculante (V2317-20), de 7 de julio de 2020,** se ha expresado en los siguientes términos:

«(...) en cuanto a la interpretación que cabe dar al último párrafo del ya reproducido artículo 11 del RIRPF, de acuerdo con lo establecido en dicho precepto, y lo dispuesto en el artículo 19.2 de la LIRPF ("los gastos deducibles a que se refiere esta letra f) tendrán como límite el rendimiento íntegro del trabajo una vez minorado por el resto de gastos deducibles previstos en este apartado"), el incremento de gastos previsto en el párrafo segundo de la letra f) del artículo 19 de la Ley del Impuesto, en el periodo impositivo en el que se produzca el cambio de residencia y en el siguiente, no podrá ser superior al rendimiento íntegro del trabajo que ha generado dichos gastos en cada uno de ellos, una vez aplicada, en su caso, la reducción del artículo 18 de dicha Ley correspondientes a ese rendimiento y minorado su importe, en cada período impositivo, tanto por el resto de gastos deducibles vinculados exclusivamente a tal rendimiento, como por la parte proporcional de los restantes que corresponda a la duración del contrato de trabajo aceptado».

Otro aspecto determinante de cara a la deducción de gastos por parte de trabajadores con un grado acreditado de discapacidad es **el concepto de trabajador en activo**, que antes venía definido en el artículo 12 del texto original del Reglamento del IRPF como *«aquel que perciba rendimientos del trabajo como consecuencia de la prestación efectiva de sus servicios retribuidos por cuenta ajena y dentro del ámbito de organización y dirección de otra persona, física o jurídica».* Esa previsión del precepto, eliminada en 2015, se refería a la reducción adicional para trabajadores activos con discapacidad que antes contemplaba el artículo 20.3 de la LIRPF, pero que fue suprimida por la Ley 26/2014, de 27 de noviembre; siendo esa misma norma la que, paralelamente, introdujo el incremento del gasto deducible para trabajadores activos con discapacidad en el artículo 19.2.f) de la LIRPF.

Con respecto a la reducción previa, la resolución del Tribunal Económico-Administrativo Central n.º 1121/2007, de 6 de noviembre de 2008, en unificación de criterio, estableció lo siguiente sobre la condición de trabajador activo:

«(...) se requiere que concurran simultáneamente dos requisitos,
- ser trabajador activo, entendiendo por tal, la prestación efectiva de prestación de servicios retribuidos, por cuenta ajena y dentro del ámbito de organización y dirección de otra persona, física o jurídica, denominada empleador o empresario.
- tener el grado de discapacidad exigido y que para desplazarse a su lugar de trabajo o para desempeñar el mismo, acredite la necesidad de ayuda de terceras personas, o movilidad reducida».

En ese sentido, y también refiriéndose a la reducción previa, el Tribunal Supremo en la sentencia n.º 1381/2020, de 22 de octubre, ECLI:ES:2020:3518, equiparó a aquellas *«personas que perciben una prestación por incapacidad laboral transitoria con los trabajadores activos, a los efectos de la reducción».* También al respecto puede hacerse referencia de lo expuesto en la sentencia del Tribunal Supremo n.º 1356/2020, de 20 de octubre, ECLI:ES:TS:2020:3265:

«(...) hay que remarcar, antes de nada, que, para poder practicar la minoración de los rendimientos netos del trabajo prevista en el artículo 20.3 LIRPF, el precepto únicamente exige dos requisitos: (1º) que se trate de una persona con discapacidad y (2º) que los rendimientos del trabajo se obtengan como ‹trabajador activo›. Ninguno más.
(...) es el artículo 12 RIRPF el que define el concepto de 'trabajador activo' como aquel que (1º) percibe rendimientos del trabajo, que (2º) -naturalmente- lo hace como consecuencia de la 'prestación efectiva' de sus servicios retribuidos, y (3º) que trabaja por cuenta ajena, es decir, dentro del ámbito de organización y dirección de otra persona, física o jurídica. Ninguna referencia

explícita o implícita hace el reglamento a la 'habitualidad', lo que viene a reconocer el abogado del Estado al afirmar que 'el término 'prestación efectiva' es lo suficientemente vago en cuanto a la duración de la prestación', de manera que viene a proponer en su escrito de oposición el requisito de 'cierta habitualidad y permanencia' únicamente porque, a su juicio, 'parece razonable'. Sin necesidad de entrar en disquisiciones o valoraciones sobre la opinión de la representación pública, insistimos: no es el criterio de la Ley; simplemente.

6. Y si la 'habitualidad' no es el criterio de la Ley, que no establece ningún límite temporal, no hallamos ningún inconveniente en concluir que el artículo 20.3 LIRPF se aplica a personas con discapacidad que han trabajado por cuenta ajena un solo día del año, percibiendo por ello rendimientos del trabajo. Como tampoco existe óbice alguno para reconocer el derecho a la reducción a las personas discapacitadas que trabajen en un empleo temporal o en jornada/as a tiempo parcial o de solo unas horas, siempre que lo permita la legislación laboral».

Actualmente, ni la LIRPF ni el RIRPF contienen una definición de trabajador activo, ya que esta se eliminó del artículo 12 del RIRPF por el Real Decreto 633/2015, de 10 de julio. Sin embargo, parece que el concepto se sigue interpretando en el mismo sentido, como entiende la **consulta vinculante de la Dirección General de Tributos (V2808-23), de 16 de octubre de 2023:**

«(...) para la aplicación del citado incremento como gasto deducible en **concepto de trabajador activo discapacitado se requiere que concurran simultáneamente,** durante cualquier día del período impositivo, las siguientes circunstancias:

1. Ser **trabajador en activo.**

2. Tener el **grado de discapacidad exigido,** que deberá acreditarse conforme a lo previsto en el artículo 72 del Reglamento del Impuesto sobre la Renta de las Personas Físicas, aprobado por el Real Decreto 439/2007, de 30 de marzo (BOE de 31 de marzo), en adelante RIRPF.

En este sentido, el Tribunal Económico–Administrativo Central, en Resolución de fecha 6 de noviembre de 2008, en cuya virtud se acuerda en Recurso Extraordinario de Alzada para la Unificación de Criterio se refiere al concepto de trabajador activo señalando que "la expresión "trabajador en activo" recogida en la normativa reguladora del Impuesto sobre la Renta de las Personas Físicas no engloba a cualquier perceptor de rentas del trabajo sino que, debe entenderse como aquél que percibe este tipo de rentas como consecuencia de la prestación efectiva de sus servicios retribuidos, por cuenta ajena y dentro del ámbito de organización y dirección de otra persona, física o jurídica, denominada empleador o empresario».

En ese mismo sentido se ha pronunciado también la reciente sentencia del Tribunal Superior de Justicia de Galicia, n.º 20/2024, de 15 de enero, ECLI:ES:TSJGAL:2024:664.

Por otra parte, la LIRPF contempla una segunda particularidad destacada en el ámbito de los rendimientos del trabajo en relación con la discapacidad. El artículo 42.3.c) de la LIRPF declara **exentos los rendimientos del trabajo en especie correspondientes a primas o cuotas satisfechas a entidades asegu-**

radoras para la cobertura de enfermedad del propio trabajador, su cónyuge y descendientes, con el límite de 500 euros anuales por cada una de esas personas. Un límite que se aumenta a 1.500 euros para cada una de ellas con discapacidad. El exceso sobre dicha cuantía constituirá retribución en especie.

CUESTIÓN

Carlos trabaja en la entidad EMPRESA SL y, a lo largo del año, ha tenido unos rendimientos íntegros del trabajo de 60.000 euros. Calcule el resultado del rendimiento neto si ha tenido los siguientes gastos: 5.000 euros de cotizaciones a la Seguridad social, 450 euros de cuota anual del colegio profesional en el que se encuentra inscrito, 1.500 euros en concepto de honorarios de abogado y procurador por un litigio con EMPRESA SL. Además, Carlos padece una discapacidad acreditada del 72 %.

A la vista del artículo 19 de la LIRPF, Carlos podrá deducirse las siguientes cantidades: los 5.000 euros de cotizaciones a la Seguridad Social, los 450 euros de la cuota del colegio profesional, 300 euros por gastos producidos por litigio contra la entidad de la que percibe los rendimientos, 2.000 euros en concepto de otros gastos y 7.750 euros por ser una persona con un grado de discapacidad superior al 65 %. En total, Carlos podrá deducirse 15.500 euros, correspondiendo al concepto de rendimiento neto del trabajo la cantidad de 44.500 euros.

Rendimientos de las actividades económicas

Los rendimientos íntegros de las actividades económicas están formados por aquellos que, procediendo del trabajo personal y del capital conjuntamente, o de uno solo de estos factores, supongan por parte del contribuyente la ordenación por cuenta propia de medios de producción y de recursos humanos o de uno de ambos, con la finalidad de intervenir en la producción o distribución de bienes o servicios.

En este ámbito, las personas físicas con discapacidad que ejerzan actividades económicas y determinen su rendimiento neto por el método de estimación directa podrán aplicar, en ciertos casos, la **reducción prevista en los párrafos 1.º y 2.º del artículo 32.2 de la LIRPF**. En concreto, la reducción procederá cuando concurran los siguientes requisitos:

- El rendimiento neto de la actividad económica deberá determinarse por el **método de estimación directa**. No obstante, si se determina con arreglo a la modalidad simplificada del método de estimación directa, la reducción será incompatible con la aplicación del porcentaje del 5 % de deducción por el conjunto de provisiones deducibles y gastos de difícil justificación del artículo 30.2.4.ª de la LIRPF.

- La totalidad de sus entregas de bienes o prestaciones de servicios deben **efectuarse a una única persona**, física o jurídica, no vinculada o que el contribuyente tenga la consideración de **trabajador autónomo económicamente dependiente** y el cliente del que dependa no sea una entidad vinculada.

- El conjunto de **gastos deducibles correspondientes a todas sus actividades económicas** no puede exceder del **30 %** de sus rendimientos íntegros declarados.

- Deberán cumplirse durante el período impositivo todas las **obligaciones formales y de información, control y verificación** establecidas reglamentariamente. Tendrán que cumplirse las obligaciones que señala el artículo 68 del RIRPF (artículo 26.1 del RIRPF).

- No percibir rendimientos del trabajo en el período impositivo, a excepción de cuando se perciban prestaciones por desempleo o cualesquiera prestaciones de las previstas en la letra a) del artículo 17.2 de la LIRPF, si su importe no supera los 4.000 euros anuales.

- Al menos el **70 % de los ingresos del período impositivo deben estar sujetos a retención o ingreso a cuenta.**

- No realizar una actividad económica alguna a través de entidades en régimen de atribución de rentas.

Cuando se cumplan las condiciones indicadas, la reducción consistirá en un importe fijo y otro adicional de cuantía variable, que dependerá de las circunstancias:

- **Importe fijo.** Los contribuyentes podrán reducir el rendimiento neto de las actividades económicas en 2.000 euros.

- **Importe adicional.** Adicionalmente, el rendimiento neto de estas actividades económicas se minorará en las siguientes cuantías:

  - Cuando los rendimientos netos de actividades económicas sean inferiores a 19.747,50 euros, siempre que no tengan rentas, excluidas las exentas, distintas de las de actividades económicas superiores a 6.500 euros:

    » Contribuyentes con rendimientos netos de actividades económicas iguales o inferiores a 14.047,50 euros: 6.498 euros anuales.

    » Contribuyentes con rendimientos netos de actividades económicas comprendidos entre 14.047,50 y 19.747,50 euros: 6.498 euros menos el resultado de multiplicar por 1,14 la diferencia entre el rendimiento de actividades económicas y 14.047,50 euros anuales.

  - Cuando se trate de **personas con discapacidad** que obtengan rendimientos netos derivados del ejercicio efectivo de estas actividades económicas:

    » 3.500 euros anuales, con carácter general.

    » 7.750 euros anuales, para las personas con discapacidad que ejerzan de forma efectiva estas actividades económicas y acrediten necesitar ayuda de terceras personas o movilidad reducida, o un grado de discapacidad igual o superior al 65 %.

A TENER EN CUENTA. Cuando el contribuyente opte por la tributación conjunta, tendrá derecho a la reducción cuando individualmente cumpla con los requisitos antes indicados (artículo 26.2 del RIRPF). En tal caso, la cuantía de la

---

reducción a computar en la declaración conjunta será única, sin que su importe pueda ser superior al rendimiento neto de las actividades económicas de los miembros de la unidad familiar que cumplan individualmente los citados requisitos, y se calculará, al igual que la reducción, teniendo en cuenta las rentas de la unidad familiar.

Cabe destacar, además, que para aquellos contribuyentes que realicen el cálculo del rendimiento neto por el método de estimación directa, tendrán la consideración de **gasto deducible** las **primas de seguro de enfermedad** satisfechas por el contribuyente en la parte correspondiente a su propia cobertura y a la de su cónyuge e hijos menores de 25 años que convivan con él. El límite máximo de deducción será de 500 euros por cada una de las personas señaladas anteriormente o de 1.500 euros por cada una de ellas con discapacidad, en atención al artículo 30.2.5.ª de la LIRPF.

Por último, aunque este apartado se centra en el método de estimación directa, conviene mencionar que los contribuyentes que determinen su rendimiento por el método de estimación objetiva o módulos podrán beneficiarse también de una serie de reducciones en atención a la discapacidad del contribuyente o de su personal, a cuyo respecto habrá que acudir a la orden ministerial que anualmente desarrolle dicho método.

2.4. Mínimos personales y familiares

El incremento de los mínimos personales y familiares del IRPF en caso de discapacidad

La normativa del IRPF establece una serie de **importes mínimos que, por destinarse a satisfacer las necesidades básicas personales y familiares de los contribuyentes, no se someten a tributación** por el impuesto. Con ello, se busca adecuar el tributo a las circunstancias de cada contribuyente, de modo que, sea cual sea su nivel de renta, no tributen por los primeros rendimientos que obtengan y que utilicen para satisfacer sus necesidades vitales. Son los denominados «mínimos personales y familiares», cuya cuantía se fija en función de la situación personal y familiar de cada uno, pues es evidente que ese mínimo no puede ser el mismo para un contribuyente sin cargas familiares que para otro que sí las tenga. Y, justamente, uno de los parámetros que se toman en consideración a tal respecto es el de la situación de discapacidad (tanto propia del contribuyente como de ciertos parientes), la edad avanzada o la necesidad de ayuda de terceras personas.

El mínimo personal y familiar que cada contribuyente pueda aplicarse al presentar su declaración de la renta será el resultado de **sumar el mínimo del contribuyente y los mínimos por descendientes, ascendientes y discapacidad** que procedan. Además, en ese sentido, conviene tener muy presente que el IRPF es un impuesto parcialmente cedido a las comunidades autónomas, que pueden asumir determinadas competencias normativas en relación con él, y que su funcionamiento se articula en dos tramos, el estatal y el autonómico:

- Por lo que se refiere al gravamen estatal del impuesto, los mínimos se regulan en los artículos 56 y siguientes de la LIRPF.

- En el caso del gravamen autonómico, las comunidades autónomas de régimen común pueden establecer incrementos o disminuciones sobre las cuantías fijadas en la norma estatal, con el límite del 10 % para cada una de ellas [artículo 46.1.a) de la Ley 22/2009, de 18 de diciembre]. Habrá que atender, por tanto, a la regulación de cada una de las regiones para conocer el importe concreto de los mínimos que sus contribuyentes podrán aplicarse en esta parte del IRPF.

> **A TENER EN CUENTA.** Las comunidades autónomas no podrán regular los conceptos ni las situaciones personales y familiares comprendidos en cada uno de los mínimos a que se refieren los artículos 57 a 60 de la LIRPF, ni las normas para su aplicación previstas en el artículo 61 de la LIRPF [artículo 46.2.e) de la Ley 22/2009, de 18 de diciembre].

A fin de no extendernos demasiado, nos centraremos en el estudio de los mínimos por discapacidad, tanto estatales como autonómicos.

|| Mínimo por discapacidad a nivel estatal

Tal y como señala el artículo 60 de la LIRPF, el mínimo por discapacidad será la **suma del mínimo por discapacidad del contribuyente y del mínimo por discapacidad de ascendientes y descendientes**.

| a) Mínimo por discapacidad del contribuyente

El mínimo por discapacidad del contribuyente será de:

- **3.000 euros anuales**, cuando sea una persona con discapacidad.

- **9.000 euros anuales**, cuando sea una persona con discapacidad y acredite un grado de discapacidad igual o superior al 65 %.

Además, ese mínimo **se incrementará, en concepto de gastos de asistencia, en 3.000 euros anuales** cuando acredite:

- Necesitar ayuda de terceras personas o movilidad reducida.

- O un grado de discapacidad igual o superior al 65 %.

De cara a la aplicación de este incremento, y sobre la base del artículo 72 del RIRPF, parece que la necesidad de ayuda de terceras personas para desplazarse a su lugar de trabajo o para desempeñar el mismo, o la movilidad reducida para utilizar medios de transporte colectivos, deberá acreditarse mediante certificado o resolución del Instituto de Migraciones y Servicios Sociales o el órgano competente de las comunidades autónomas en materia de valoración de las minusvalías, basándose en el dictamen emitido por los equipos de valoración y orientación dependientes de las mismas. En ese sentido se pronuncia, por ejemplo, la consulta vinculante de la Dirección General de Tributos (V1520-20), de 21 de mayo de 2020:

«(...) de acuerdo con el criterio establecido en consulta tributaria emitida por este Centro Directivo, con número de referencia V0169-18, de fecha 29 de enero de 2018, en el presente caso, "la necesidad de ayuda de terceras personas..." se acreditará mediante certificado o resolución del Instituto de Migraciones y Servicios Sociales (IMSERSO) o el órgano competente de las Comunidades Autónomas en materia de valoración de las minusvalías, basándose en el dictamen emitido por los Equipos de Valoración y Orientación de las mismas, circunstancia esta que no concurre en la resolución en la que se le reconoce a la consultante el grado I de dependencia (servicio de dependencia) a la que se alude en su escrito de consulta, cuyo ámbito competencial se corresponde con servicios sociales.

Así mismo, lo establecido en la disposición adicional segunda, del Real Decreto 174/2011, de 11 de febrero, por el que se aprueba el baremo de valoración de la situación de dependencia establecido por la Ley 39/2006, de 14 de diciembre, de Promoción de la Autonomía Personal y Atención a las personas en situación de dependencia, que acredita la necesidad de ayuda de terceras personas a las referidas personas en situación de dependencia, se corresponde con otro ámbito competencial que no responde a las exigencias del artículo 72 del RIRPF».

La determinación de las circunstancias personales y familiares que deban tenerse en cuenta para aplicar este mínimo se realizará atendiendo a la situación existente en la fecha de devengo del impuesto. Un devengo que se producirá el 31 de diciembre de cada año o bien en la fecha de fallecimiento del contribuyente, cuando se produzca en un día distinto al 31 de diciembre, de conformidad con los artículos 12 y 13 de la LIRPF.

CUESTIONES

1. ¿Cuál es el mínimo del contribuyente en IRPF a nivel estatal?

Conforme al artículo 57 de la LIRPF, el mínimo del contribuyente será, con carácter general, de 5.550 euros anuales. En el caso de que el contribuyente tenga una edad superior a 65 años, el mínimo se aumentará en 1.150 euros anuales. Si la edad es superior a 75 años, el mínimo se aumentará adicionalmente en 1.400 euros anuales.

2. ¿Qué mínimo del contribuyente y por discapacidad propia podrá aplicarse en el tramo estatal de la declaración de la renta una persona de 67 años y con un grado de discapacidad acreditado del 35 %?

Podrá aplicarse:

- Mínimo del contribuyente: 5.550 (general) + 1.150 (incremento por edad superior a 65 años) = 6.700 euros.

- Mínimo por discapacidad del contribuyente: 3.000 euros.

- Total, por ambos conceptos: 6.700 + 3.000 = 9.700 euros.

3. Si el contribuyente de la cuestión anterior tuviese acreditado un grado de discapacidad del 70 %, su mínimo del contribuyente no variaría, pero sí cambiaría el mínimo por discapacidad del contribuyente. ¿De cuánto pasaría a ser?

En este caso, el mínimo por discapacidad del contribuyente pasaría a ser de 9.000 euros, al acreditar un grado de discapacidad igual o superior al 65 %. Además, al tener un grado de discapacidad igual o superior al 65 %, ese mínimo se incrementará en 3.000 euros anuales en concepto de gastos de asistencia.

4. Un contribuyente tiene 78 años, un grado de discapacidad reconocido del 66 % y acredita necesitar ayuda de terceras personas o movilidad reducida. ¿Qué mínimo del contribuyente y por discapacidad del contribuyente podrá aplicarse en el tramo estatal de su declaración de la renta?

Podrá aplicarse:

- Mínimo del contribuyente: 5.550 (general) + 1.150 (incremento por edad superior a 65 años) + 1.400 (incremento por edad superior a 75 años) = 8.100 euros.

- Mínimo por discapacidad del contribuyente: 9.000 euros (grado de discapacidad igual o superior al 65 %) + 3.000 (gastos asistencia por acreditar ayuda de terceras personas o movilidad reducida o grado de discapacidad igual o superior al 65 %) = 12.000 euros.

- Total, por ambos conceptos: 8.100 + 12.000 = 20.100 euros.

5. ¿Existen particularidades para determinar el mínimo del contribuyente y el mínimo por discapacidad del contribuyente en caso de tributación conjunta?

Sí, el artículo 84.2.2.º de la LIRPF señala:

«2.º En cualquiera de las modalidades de unidad familiar, se aplicará, con independencia del número de miembros integrados en la misma, el importe del mínimo previsto en el apartado 1 del artículo 57, incrementado o disminuido en su caso para el cálculo del gravamen autonómico en los términos previstos en el artículo 56.3 de esta Ley.

Para la cuantificación del mínimo a que se refiere el apartado 2 del artículo 57 y el apartado 1 del artículo 60, ambos de esta Ley, se tendrán en cuenta las circunstancias personales de cada uno de los cónyuges integrados en la unidad familiar.

En ningún caso procederá la aplicación de los citados mínimos por los hijos, sin perjuicio de la cuantía que proceda por el mínimo por descendientes y discapacidad».

| b) Mínimo por discapacidad de ascendientes o descendientes

En el caso del mínimo por discapacidad de ascendientes o descendientes, los importes son análogos a los que acaban de mencionarse para el contribuyente:

- **3.000 euros anuales** por cada uno de los descendientes o ascendientes que generen derecho a la aplicación del mínimo por descendientes o por ascendientes a que se refieren los artículos 58 y 59 de la LIRPF, que sean personas con discapacidad, cualquiera que sea su edad.

- **9.000 euros anuales**, por cada uno de ellos que acrediten un grado de discapacidad igual o superior al 65 %.

Asimismo, como sucedía en el caso anterior, ese mínimo **se aumentará, en concepto de gastos de asistencia, en 3.000 euros anuales** por cada ascendiente o descendiente que acredite necesitar ayuda de terceras personas o movilidad reducida, o un grado de discapacidad igual o superior al 65 %. Con respecto a la acreditación de la necesidad de ayuda de terceras personas o de movilidad reducida, reiteramos lo ya apuntado al estudiar el mínimo por discapacidad del contribuyente, tal y como reconoce, por ejemplo, la consulta vinculante de la Dirección General de Tributos (V0870-22), de 21 de abril de 2022.

Por lo tanto, la posibilidad de aplicar este mínimo por discapacidad se condiciona, en cualquiera de los casos, a que el descendiente o ascendiente en cuestión genere derecho a aplicar su respectivo mínimo. Lo cual nos lleva a estudiar los artículos 58 y 59 de la LIRPF:

- **Mínimo por descendientes**. Su importe será, por cada uno de ellos menor de 25 años o con discapacidad cualquiera que sea su edad, siempre que **conviva con el contribuyente y no tenga rentas anuales, excluidas las exentas, superiores a 8.000 euros**, de un importe que va incrementándose en función del número de orden del hijo, desde 2.400 euros anuales por el primero hasta 4.500 euros anuales por el cuarto y siguientes.

  Cuando el descendiente sea menor de tres años, el mínimo anterior se aumentará en 2.800 euros anuales. En los casos de adopción o acogimiento, tanto preadoptivo como permanente, dicho aumento se producirá, con independencia de la edad del menor, en el período impositivo en que se inscriba en el registro civil y en los dos siguientes. Si la inscripción no fuese necesaria, el aumento se podrá practicar en el período impositivo en que se produzca la resolución judicial o administrativa correspondiente y en los dos siguientes.

  Por lo demás, y de cara a la aplicación de este mínimo:

  – Se asimilarán a los descendientes las personas vinculadas al contribuyente por razón de tutela y acogimiento, en los términos previstos en la legislación civil aplicable.

  – Se asimilará a la convivencia con el contribuyente, la dependencia respecto de este último salvo cuando resulte de aplicación lo dispuesto en los artículos 64 y 75 de la LIRPF (especialidades aplicables en los supuestos de anualidades por alimentos a favor de los hijos).

  Así las cosas, y tal y como viene señalando la Dirección General de Tributos, la norma tributaria considera que el concepto de descendiente que da derecho a la aplicación del mínimo por descendientes y, en su caso, a la aplicación del mínimo por discapacidad de dicho descendiente, comprende a «*los hijos, nietos, bisnietos, etc., que descienden del contribuyente y que están unidos a éste por vínculo de parentesco en línea recta por consanguinidad, por adopción y, por asimilación, a estos efectos, cuando se trate de vinculación por razón de tutela o acogimiento, en los términos previstos en la legislación civil aplicable*» [consulta vinculante de la Dirección General de Tributos (V3125-23), de 1 de diciembre de 2023].

> **A TENER EN CUENTA.** La Ley 8/2021, de 2 de junio, modificó el Código Civil de forma que la tutoría queda para los menores no emancipados en situación de desamparo o no sujetos a patria potestad, mientras que para las personas mayores de edad se ha sustituido la figura de la tutela y las incapacitaciones civiles por las medidas de acompañamiento para el ejercicio de la capacidad jurídica de las personas que lo precisen. Estas medidas de acompañamiento son, además de las de naturaleza voluntaria, la guarda de hecho, la curatela y el defensor judicial. Por lo tanto, hoy en día, las referencias a la tutela deberán entenderse en los sentidos mencionados para las situaciones constituidas al amparo del nuevo régimen, aunque también comprenderán las situaciones de tutela previas que todavía no se hayan sustituido por las nuevas medidas adaptadas a la Ley 8/2021, de 2 de junio.

- **Mínimo por ascendientes.** El mínimo por ascendientes será de 1.150 euros anuales, por cada uno de ellos mayor de 65 años o con discapacidad, cualquiera que sea su edad, que **conviva con el contribuyente y no tenga rentas anuales, excluidas las exentas, superiores a 8.000 euros.** Cuando el ascendiente sea mayor de 75 años, el mínimo anterior se aumentará en 1.400 euros anuales.

  A estos efectos, y entre otros casos, se considerará que conviven con el contribuyente los ascendientes con discapacidad que, dependiendo del mismo, sean internados en centros especializados.

Además, para la aplicación de todos estos mínimos (incluido el de discapacidad) será necesario tener también presentes las normas específicas que recoge el artículo 61 de la LIRPF. Básicamente, y a lo que aquí interesa:

- Cuando dos o más contribuyentes tengan derecho a la aplicación del mínimo por descendientes, ascendientes o discapacidad, respecto de los mismos ascendientes o descendientes, su importe se prorrateará entre ellos por partes iguales. Sin embargo, cuando los contribuyentes tengan distinto grado de parentesco con el ascendiente o descendiente, la aplicación del mínimo corresponderá a los de grado más cercano, salvo que estos no tengan rentas anuales, excluidas las exentas, superiores a 8.000 euros, en cuyo caso corresponderá a los del siguiente grado.

- **No procederá** la aplicación del mínimo por descendientes, ascendientes o discapacidad, cuando los ascendientes o descendientes que generen el derecho a los mismos **presenten declaración por este impuesto con rentas superiores a 1.800 euros.**

- La determinación de las circunstancias personales y familiares que deban tenerse en cuenta se realizará atendiendo a la situación existente en la fecha de devengo del impuesto.

- No obstante lo dispuesto en el punto anterior, en caso de fallecimiento de un descendiente o ascendiente que genere el derecho al mínimo por descendientes o ascendientes, la cuantía será de 2.400 euros anuales o 1.150 euros anuales por ese descendiente o ascendiente, respectivamente.

- Para la aplicación del **mínimo por ascendientes**, será necesario que estos **convivan con el contribuyente, al menos, la mitad del período impositivo** o, en el caso de fallecimiento del ascendiente antes de la finalización de este, la mitad del período transcurrido entre el inicio del período impositivo y la fecha de fallecimiento.

Expuesto todo lo anterior, nos centraremos en el estudio de los tres requisitos que quizá puedan resultar más problemáticos de cara a la aplicación del mínimo por discapacidad de descendientes o ascendientes:

- Que el descendiente o ascendiente con discapacidad **no tenga en el ejercicio fiscal correspondiente, rentas anuales, excluidas las exentas, superiores a 8.000 euros**. En este sentido, el concepto de renta al que se hace referencia es el apuntado por la Dirección General de Tributos en su consulta vinculante (V3250-13), de 5 de noviembre de 2013; tal y como ese mismo órgano ha reiterado en múltiples consultas posteriores [por ejemplo, puede acudirse a las consultas vinculantes (V2054-23), de 13 de julio de 2023; (V1506-23), de 2 de junio de 2023; y, de manera análoga, a la resolución del Tribunal Económico-Administrativo Central n.º 4976/2011, de 27 de junio de 2013]:

  «(...) el concepto de renta anual, a estos efectos, está constituido por la **suma algebraica de los rendimientos netos (del trabajo, capital mobiliario e inmobiliario, y de actividades económicas), de imputaciones de rentas y de las ganancias y pérdidas patrimoniales computadas en el año, sin aplicar las reglas de integración y compensación**. Ahora bien, los rendimientos deben computarse por su **importe neto**, esto es, una vez deducidos los gastos pero sin aplicación de las reducciones correspondientes, salvo en el caso de rendimientos del trabajo, en los que se podrán tener en cuenta la reducción prevista en el artículo 18 de la LIRPF al aplicarse con carácter previo a la deducción de gastos».

- Que el descendiente o ascendiente con discapacidad **no presente declaración por el IRPF en el ejercicio, con rentas superiores a 1.800 euros**. A este respecto, se atenderá al mismo concepto de renta que acaba de exponerse en el punto precedente. Además, deben considerarse ciertas precisiones para los supuestos de tributación conjunta con los hijos; básicamente, como pone de manifiesto la consulta vinculante de la Dirección General de Tributos (V1167-23), de 8 de mayo de 2023:

  «En definitiva, en el caso de una pareja que convive con su hijo menor de edad, si uno de los padres tributa conjuntamente con el hijo, dicho progenitor aplicaría íntegramente el mínimo por descendientes correspondiente a ese hijo, y el otro progenitor no tiene derecho al mínimo al presentar el hijo declaración, siempre que ese último tengan rentas superiores a 1.800 euros, de acuerdo con lo dispuesto en el artículo 61.2ª de la Ley del Impuesto.

  En caso de no tener el hijo rentas superiores a 1.800 euros, el mínimo por descendiente se distribuiría entre los padres con los que conviva el descendiente por partes iguales (50% cada uno), aún cuando uno de ellos tribute conjuntamente con el hijo.

En este último supuesto, si uno de los progenitores no aplica el mínimo por descendientes que le corresponde (50 %), el otro progenitor no tiene derecho a la aplicación en su totalidad del señalado mínimo por descendientes».

- Que el descendiente o ascendiente **conviva con el contribuyente.** En ese sentido, y como bien se apuntó en líneas anteriores, se equipara a la convivencia la **dependencia económica** en ciertos términos:

  – Para los descendientes, se asimila a la convivencia con el contribuyente la dependencia respecto de este último, salvo cuando resulte de aplicación el régimen de especialidades previstas para los supuestos de anualidades por alimentos a favor de los hijos. Así, la resolución del Tribunal Económico-Administrativo Central n.º 10590/2022, de 29 de mayo de 2023, dictada en unificación de criterio, fijó lo siguiente:

    «Tras la entrada en vigor de la Ley 26/2014, de 27 de noviembre, **no resulta posible la aplicación simultánea, en el mismo período impositivo, del mínimo por descendientes del artículo 58 de la LIRPF y del régimen previsto para las anualidades por alimentos en favor de los hijos** por decisión judicial en los artículos 64 y 75 de dicha norma.
    De este modo:
    - Los progenitores que tengan asignada la guarda y custodia compartida de los hijos tendrán derecho a la aplicación del mínimo por descendientes, que se prorrateará por partes iguales, no siendo posible la aplicación del régimen previsto para las anualidades por alimentos por el progenitor que, en su caso, las satisfaga.
    - El progenitor que satisfaga anualidades por alimentos en favor de los hijos y que no tenga asignada la guarda y custodia de éstos, ni siquiera de forma compartida, aplicará el régimen previsto para las anualidades por alimentos pero no el mínimo por descendientes.
    - El progenitor que sin tener asignada la guarda y custodia de los hijos, ni siquiera de forma compartida, y sin satisfacer anualidades por alimentos en favor de estos por decisión judicial, contribuye, no obstante, al mantenimiento económico de aquéllos, tendrá derecho a la aplicación del mínimo por descendientes con base en el criterio de dependencia al que se refiere el artículo 58 de la LIRPF, mínimo que deberá ser prorrateado por partes iguales con el progenitor que tenga la guarda y custodia».

  – En el caso de los ascendientes, se considera que conviven con el contribuyente los que cuenten con discapacidad y que, dependiendo del mismo, sean internados en centros especializados.

En cualquiera de los supuestos, la concurrencia de la situación de convivencia o del requisito de dependencia económica constituye una cuestión de hecho que tendrá que ser probada por cualquier medio de prueba admitido en derecho, conforme al artículo 106 de la LGT.

Además, en el caso del mínimo por ascendientes, será preciso, según lo antes señalado, que los ascendientes convivan con el contribuyente, al menos, la mitad del período impositivo o, en el caso de fallecimiento del ascendiente antes de la terminación de este, la mitad del período transcurrido entre el inicio del período impositivo y la fecha de fallecimiento.

CUESTIONES

1. Un contribuyente pretende aplicarse el mínimo por discapacidad por uno de sus hijos, con el que convive y que tiene reconocida una discapacidad del 45 %. El hijo tiene un empleo a tiempo parcial, por el que obtiene rendimientos del trabajo, aunque no alcanza las cuantías para tener obligación de declarar de acuerdo con el artículo 96 de la LIRPF. ¿Cómo se calculará su renta para ver si se cumple el requisito de no tener rentas anuales, excluidas las exentas, superiores a 8.000 euros?

Atendiendo al concepto de renta que resulta de la consulta vinculante de la Dirección General de Tributos (V3250-13), de 5 de noviembre de 2013, el concepto de rendimiento neto del trabajo que debe tenerse en cuenta a estos efectos debe ser el definido en el artículo 19 de la LIRPF (incluyendo la minoración por aplicación de la reducción del artículo 18 de la LIRPF en caso de que el descendiente tuviera derecho a ella). En consecuencia, dicho rendimiento quedaría minorado en todos los gastos del apartado 2 del referido artículo 19 de la LIRPF, incluido el gasto específico de 2.000 euros de su letra f), así como los 3.500 euros anuales o en su caso 7.750 euros anuales de incremento en caso de que sea un trabajador activo con discapacidad (siempre que se cumplan los requisitos legalmente establecidos para ello, teniendo en cuenta el límite establecido en el último párrafo del artículo 19 de la LIRPF, y lo establecido en el artículo 11.2 del RIRPF). Así resulta, por ejemplo, de la consulta vinculante de la Dirección General de Tributos (V0176-23), de 7 de febrero de 2023.

2. Joel convive con su madre que tiene 89 años y una discapacidad del 39 % reconocida por el correspondiente órgano de la CA, y se cumplen los requisitos necesarios para que Joel pueda aplicarse el mínimo por ascendientes por ella. ¿Qué importe le corresponderá en concepto de mínimo por ascendiente con discapacidad según la LIRPF?

El mínimo por discapacidad de ascendientes que podrá aplicarse Joel será de 3.000 euros.

3. Si, además, Joel pudiera acreditar debidamente que su madre necesita ayuda de terceras personas o tiene movilidad reducida, ¿el mínimo por discapacidad de la ascendiente sería el mismo?

No, en este caso, Joel podría aplicarse un mínimo por discapacidad de ascendiente de 6.000 euros (los 3.000 euros de antes más 3.000 euros en concepto de gastos de asistencia).

4. Aurora es viuda y tiene un hijo con una discapacidad del 66 %, con el que convive y que no percibe rentas de ningún tipo. ¿Qué mínimo por discapacidad de descendientes puede aplicarse según la LIRPF, entendiendo que se cumplen todos los requisitos para que proceda?

Podrá aplicarse 12.000 euros como mínimo por discapacidad del descendiente (9.000 euros por descendiente con un grado de discapacidad igual o superior al 65 % + 3.000 euros por gastos de asistencia).

RESOLUCIONES ADMINISTRATIVAS

Consulta vinculante de la Dirección General de Tributos (V0684-23), de 21 de marzo de 2023

Asunto: aplicación del mínimo por ascendientes cuando el progenitor convive seis meses con un hijo y seis meses con otro.

«(...) de acuerdo con la norma 5ª del artículo 61 de la LIRPF, para la aplicación del mínimo por ascendiente es necesario que éste haya convivido con el contribuyente al

menos la mitad del período impositivo, es decir, seis meses (salvo período impositivo inferior al año por fallecimiento del contribuyente).

De acuerdo a dicho precepto, los descendientes, siempre que se cumplan los requisitos exigidos en el artículo 59 de la Ley del Impuesto, entre ellos que el ascendiente no tenga rentas anuales, excluidas las exentas superiores a 8.000 euros, y siempre que éste no presente declaración de IRPF con rentas superiores a 1.800 euros, podrán aplicar el mínimo por ascendientes, y, por ende, el mínimo por discapacidad por el ascendiente –siempre que este tenga acreditado un grado de discapacidad igual o superior al 33 por ciento, de acuerdo con el procedimiento legalmente establecido para ello en el artículo 72 del RIRPF–, en los casos en que éstos convivan de forma sucesiva con varios descendientes, aun cuando no haya convivencia en la fecha de devengo del impuesto, siempre y cuando el cómputo total de convivencia del ascendiente y el contribuyente sea, al menos, la mitad del período impositivo (en este caso esto último se cumpliría, ya que de acuerdo con lo manifestado en el escrito de consulta, la madre conviviría seis meses con cada hijo)».

Consulta vinculante de la Dirección General de Tributos (V1059-23), de 27 de abril de 2023

Asunto: aplicación del mínimo por descendientes y por discapacidad en IRPF si el contribuyente fallece a mediados de año.

«(...) sólo existe un caso en que el período impositivo es inferior al año natural, que es cuando se produzca el fallecimiento del contribuyente en un día distinto al 31 de diciembre. En tal caso, en el día del fallecimiento termina el período impositivo, que habrá durado, por tanto, desde el 1 de enero hasta el día del fallecimiento.

No obstante lo anterior, en cuanto a la aplicación de los mínimos se refiere, la LIRPF no otorga ninguna regla especial para el supuesto de que el período impositivo sea inferior al año, en caso de fallecimiento del contribuyente, por lo que en la declaración individual de IRPF del contribuyente fallecido resultan aplicables las mismas cuantías en su importe total, sin necesidad de efectuar prorrateo alguno en función del número de días del período impositivo -desde el 1 de enero hasta la fecha del fallecimiento-.

Para resolver esta consulta, si bien no se dice expresamente en el escrito de consulta, se parte de la premisa de que los dos hijos con discapacidad objeto de consulta, son comunes al padre de la consultante y su cónyuge.

Por tanto, en el caso planteado en la presente consulta, en que fallece uno de los progenitores a lo largo del período impositivo, el mínimo por descendientes por los dos hijos en común, se prorrateará en todo caso entre los padres (al 50 % cada uno), aunque el otro progenitor supérstite tribute conjuntamente con los dos hijos con discapacidad y estos tengan rentas superiores a 1.800 euros, pues se considera que a las fechas de devengo del Impuesto los dos progenitores tienen derecho a su aplicación.

Por tanto, el contribuyente fallecido podrá aplicar en su declaración de IRPF correspondiente al ejercicio 2022, el 50 % tanto del mínimo por descendientes como del mínimo por discapacidad en relación con sus dos hijos con discapacidad –de la lectura del escrito de consulta se deduce los dos hijos ya tenían reconocido legalmente su grado de discapacidad igual o superior al 33 % desde una fecha anterior a 1 de enero de 2022–».

|| Mínimos por discapacidad autonómicos

Haciendo uso de la competencia normativa que les reconoce el artículo 46.1.a) de la Ley 22/2009, de 18 de diciembre, algunas comunidades autónomas de régimen común han aprobado incrementos en las cuantías del mínimo personal y familiar, de cara al cálculo del gravamen autonómico. Nos limitaremos a ver los mínimos por discapacidad que, en cada caso, puedan haber establecido.

Comunidad Autónoma	Norma	Mínimo por discapacidad del contribuyente	Mínimo por discapacidad de ascendientes o descendientes	Aumento en concepto de gastos de asistencia
Andalucía	Art. 23 bis.4 de la Ley 5/2021, de 20 de octubre	3.130 / 9.390 euros anuales	3.130 / 9.390 euros anuales	3.130 euros anuales
Castilla y León	Art. 1 bis del Decreto Legislativo 1/2013, de 12 de septiembre	Establece los mismos importes para el mínimo por discapacidad que el artículo 60 de la LIRPF		
Comunidad Valenciana	Art. 2 bis.4 de la Ley 13/1997, de 23 de diciembre	3.300 / 9.900 euros anuales	3.300 / 9.900 euros anuales	3.300 euros anuales
Islas Baleares	Art. 2 del Decreto Legislativo 1/2014, de 6 de junio	3.300 / 9.900 euros anuales	3.300 / 9.900 euros anuales	3.300 euros anuales
La Rioja	Art. 31 bis de la Ley 10/2017, de 27 de octubre	-	Incrementa en un 10 % el mínimo por discapacidad de descendientes del art. 60.2 de la LIRPF: será de 3.300 / 9.900 euros anuales	No se modifica la cuantía del concepto «gastos de asistencia» del párrafo segundo del art. 60.2 de la LIRPF
Madrid	Art. 2 quater del Decreto Legislativo 1/2010, de 21 de octubre	3.219,81 / 9.659,44 euros anuales	3.219,81 / 9.659,44 euros anuales	3.219,81 euros anuales
Galicia	Art. 4 bis del Decreto Legislativo 1/2011, de 28 de julio	3.129 / 9.387 euros anuales	3.129 / 9.387 euros anuales	3.129 euros anuales

CUESTIÓN

Si la comunidad autónoma de régimen común de un contribuyente no ha regulado específicamente el mínimo por discapacidad a efectos del IRPF, ¿significa que no podrá aplicarse mínimo en su declaración de la renta para el cálculo del gravamen autonómico?

Podrá aplicarse los importes que establecen los artículos 56 y siguientes de la LIRPF. No en vano, la competencia normativa de las CC. AA. de régimen común se limita a la posibilidad de establecer incrementos o disminuciones en las cuantías fijadas en la norma estatal, con el límite del 10 % para cada una de ellas [artículo 46.1.a) de la Ley 22/2009, de 18 de diciembre]. Así, el artículo 56.3 de la LIRPF determina que «*el mínimo personal y familiar será el resultado de sumar el mínimo del contribuyente y los mínimos por descendientes, ascendientes y discapacidad a que se refieren los artículos 57, 58, 59 y 60 de esta Ley, incrementados o disminuidos a efectos de cálculo del gravamen autonómico en los importes que, de acuerdo con lo establecido en la Ley 22/2009, por el que se regula el sistema de financiación de las Comunidades Autónomas de régimen común y Ciudades con Estatuto de Autonomía, hayan sido aprobados por la Comunidad Autónoma*».

2.5. Aportaciones a patrimonios especialmente protegidos y sus ventajas fiscales

El patrimonio especialmente protegido de las personas con discapacidad: notas básicas

Uno de los instrumentos jurídicos que nuestro ordenamiento configura para la protección de las personas con discapacidad es el denominado «patrimonio especialmente protegido de las personas con discapacidad». Se trata de un patrimonio de destino: de una **masa patrimonial que queda vinculada a la satisfacción de las necesidades vitales de una persona con discapacidad**, aislada del resto de bienes que puedan formar parte del patrimonio personal del interesado. Su regulación básica a nivel estatal se recoge en la **Ley 41/2003, de 18 de noviembre**, de protección patrimonial de las personas con discapacidad y de modificación del Código Civil, de la Ley de Enjuiciamiento Civil y de la Normativa Tributaria con esta finalidad.

El patrimonio protegido de las personas con discapacidad tendrá como beneficiario, en exclusiva, a la persona en cuyo interés se constituya, que será su titular. Ahora bien, conviene tener en cuenta que, a los efectos de la Ley 41/2003, de 18 de noviembre, solo tendrán la consideración de personas con discapacidad aquellas que presenten una discapacidad psíquica igual o superior al 33 % o bien una discapacidad física o sensorial igual o superior al 65 %. El grado de discapacidad se acreditará mediante certificado expedido conforme a lo establecido reglamentariamente o por resolución judicial firme.

La constitución del patrimonio protegido por alguno de los sujetos legitimados para ello se realizará **en documento público o por resolución judicial**, con las formalidades que prevé el artículo 3 de la Ley 41/2003, de 18 de noviembre; y exigirá, evidentemente, una aportación originaria de bienes y derechos. Ahora bien, una vez constituido el patrimonio protegido, **cualquier persona con interés legítimo, con el consentimiento de la persona con discapacidad con el apoyo que requiera, podrá aportar bienes o derechos** al patrimonio protegido, con las mismas formalidades establecidas para su constitución (artículo 4 de la Ley 41/2003, de 18 de noviembre). Estas aportaciones de bienes o derechos deberán realizarse siempre a título gratuito, incluso a través de pacto sucesorio en aquellas legislaciones civiles vigentes que la permitan, y no estarán sujetas a término. Podrán efectuarse por la persona comisaria o titular de una fiducia sucesoria en nombre del comitente ya fallecido, en los supuestos regulados en las legislaciones civiles vigentes que lo permitan.

A TENER EN CUENTA. Al hacer la aportación de un bien o derecho al patrimonio protegido, los aportantes podrán establecer el destino que deba darse a tales bienes o derechos o, en su caso, a su equivalente, una vez extinguido el patrimonio protegido, siempre que hubieran quedado bienes y derechos suficientes y sin más limitaciones que las establecidas en el Código Civil o en las normas de derecho civil, foral o especial, que, en su caso, fueran aplicables.

A pesar de todo ello, conviene resaltar que la regulación contenida Ley 41/2003, de 18 de noviembre, tal y como expresa su exposición de motivos, *«se entiende sin perjuicio de las disposiciones que pudieran haberse aprobado en las comunidades autónomas con derecho civil propio, las cuales tienen aplicación preferente de acuerdo con el artículo 149.1.8.a de la Constitución española y los diferentes estatutos de autonomía, siéndoles de aplicación esta ley con carácter supletorio, conforme a la regla general contenida en el artículo 13.2 del Código Civil»*.

En ese sentido, la disposición adicional tercera de la norma, introducida por la Ley 13/2023, de 24 de mayo, con entrada en vigor el 26 de mayo de 2023, extiende los beneficios fiscales previstos a nivel estatal a los patrimonios protegidos de las personas con discapacidad constituidos con arreglo al derecho civil propio autonómico. Todos los beneficios fiscales establecidos en la Ley 41/2003, de 18 de noviembre, o en cualquier otra norma tributaria estatal, relativos a los patrimonios protegidos de las personas con discapacidad constituidos con arreglo a la misma, serán aplicables, en los mismos términos y condiciones, a los **formalizados de acuerdo con las respectivas leyes que regulen esta figura con la misma finalidad en las distintas comunidades autónomas** con competencias constitucionales para regular su propio derecho civil, foral o especial, en esta materia.

A los exclusivos efectos correspondientes a los beneficios fiscales establecidos en dicha norma o a los efectos fiscales correspondientes a cualquier norma tributaria estatal, se considerará que la persona con discapacidad a cuyo beneficio se constituye el patrimonio protegido es el titular de los bienes y derechos que integran dicho patrimonio y que las aportaciones realizadas al mismo por personas distintas a dicho titular constituyen transmisiones a este a título lucrativo.

Tratamiento en IRPF de las aportaciones a patrimonios protegidos de las personas con discapacidad

La incidencia básica de las aportaciones a estos patrimonios protegidos se produce desde dos perspectivas:

- Desde el punto de vista del **aportante**. Quien realice aportaciones a patrimonios protegidos podrá beneficiarse de una **reducción en la base imponible** conforme al artículo 54 de la LIRPF. Por otra parte, las aportaciones a este tipo de patrimonios constituyen una transmisión a título lucrativo, tal y como resulta de la disposición adicional tercera de la Ley 41/2003, de 18 de noviembre; pero con ocasión de la misma **no existirá una ganancia o pérdida patrimonial** [artículo 33.3.e) de la LIRPF].

- Desde el punto de vista del **beneficiario**, que sería la persona con discapacidad titular del patrimonio (como indica de manera expresa la disposición adicional tercera de la Ley 41/2003, de 18 de noviembre). Las aportaciones realizadas al patrimonio especialmente protegido de las personas con discapacidad constituyen un rendimiento del trabajo para el titular del patrimonio, exento hasta cierto importe, en los términos de la disposición adicional decimoctava de la LIRPF y de conformidad con los artículos 17.2.k) y 7.w) de la LIRPF.

Reducción en la base imponible que podrá aplicar el aportante

Aquellos contribuyentes del IRPF que realicen aportaciones a patrimonios especialmente protegidos podrán beneficiarse de una **reducción en la base imponible del impuesto**, en los términos que regula el artículo 54 de la LIRPF; siempre que, evidentemente, además de cumplirse las condiciones exigidas por la legislación fiscal, se hayan respetado también los requisitos y procedimientos que la norma correspondiente establezca para la constitución del patrimonio protegido y para las aportaciones al mismo [así lo resaltan, por ejemplo y entre otras, las consultas vinculantes de la Dirección General de Tributos (V1812-20), de 8 de junio de 2020, o (V3113-23), de 30 de noviembre de 2023]. En ese sentido, la Ley 41/2003, de 18 de noviembre, exige que las aportaciones posteriores a la constitución del patrimonio se realicen mediante documento público autorizado por notario, o bien mediante resolución judicial, sea cual sea la naturaleza de los bienes o derechos aportados.

Darán derecho a reducir la base imponible del aportante, con el **límite máximo de 10.000 euros anuales**, las aportaciones al patrimonio protegido de la persona con discapacidad realizadas por las siguientes personas:

- Las que tengan una relación de **parentesco en línea directa o colateral hasta el tercer grado** inclusive con la persona con discapacidad.
- El **cónyuge** de la persona con discapacidad.
- Aquellos que lo tuviesen a su cargo en régimen de tutela o acogimiento.

A TENER EN CUENTA. La Ley 8/2021, de 2 de junio, modificó el Código Civil de forma que la tutoría queda para los menores no emancipados en situación de desamparo o no sujetos a patria potestad, mientras que para las personas mayores de edad se ha sustituido la figura de la tutela y las incapacitaciones civiles por las medidas de acompañamiento para el ejercicio de la capacidad jurídica de las personas que lo precisen. Estas medidas de acompañamiento son, además de las de naturaleza voluntaria, la guarda de hecho, la curatela y el defensor judicial. Por lo tanto, hoy en día, las referencias a la tutela deberán entenderse en los sentidos mencionados para las situaciones constituidas al amparo del nuevo régimen, aunque también comprenderán las situaciones de tutela previas que todavía no se hayan sustituido por nuevas medidas adaptadas a la Ley 8/2021, de 2 de junio.

El conjunto de las reducciones practicadas por todas las personas que efectúen aportaciones a favor de un mismo patrimonio protegido no podrá exceder de **24.250 euros anuales**. A estos efectos, cuando concurran varias aportaciones a favor de un mismo patrimonio protegido, las reducciones correspondientes a dichas aportaciones tendrán que minorarse de forma proporcional sin que, en ningún caso, el conjunto de las reducciones practicadas por todas las personas físicas que realicen aportaciones a favor de un mismo patrimonio protegido pueda exceder de 24.250 euros anuales.

Por otra parte, las aportaciones que excedan de los límites indicados darán derecho a reducir la base imponible de los **cuatro períodos impositivos siguientes**, hasta agotar, en su caso, en cada uno de ellos los importes máximos de reducción. Lo mismo sucederá en los supuestos en que no proceda la reducción por insuficiencia de base imponible.

Cuando concurran en un mismo período impositivo reducciones de la base imponible por aportaciones efectuadas en el ejercicio con reducciones de ejercicios anteriores pendientes de aplicar, se practicarán en primer lugar las reducciones procedentes de los ejercicios anteriores, hasta agotar los importes máximos de reducción.

Ahora bien, **no generarán el derecho a reducción**:

- Las aportaciones de **elementos afectos a la actividad** que lleven a cabo los contribuyentes del IRPF que realicen actividades económicas.
- Las aportaciones efectuadas por la propia **persona con discapacidad titular** del patrimonio protegido.

En el caso de que se trate de aportaciones no dinerarias, se tomará como importe de la aportación el que resulte del artículo 18 de la Ley 49/2002, de 23 de diciembre. La letra b) del primer apartado de ese precepto señala, en concreto, que, en los donativos o donaciones de bienes o derechos, se atenderá al valor contable que tuviesen en el momento de la transmisión y, en su defecto, el valor determinado conforme a las normas del Impuesto sobre el Patrimonio. Habrá que atender, por tanto, a lo que la normativa del IP establezca para cada tipo de bien o derecho (por ejemplo, en el caso de inmuebles, el artículo 10 de la LIP establece que, por regla general, se valorarán por el mayor valor de los tres siguientes: el valor catastral, el determinado o comprobado por la Administración a efectos de otros tributos o el precio, contraprestación o valor de la adquisición; o para las joyas, objetos de arte o antigüedades, los artículos 18 y 19 de la LIP acuden al valor de mercado).

Finalmente, y habida cuenta de que el patrimonio protegido de las personas con discapacidad se afecta directamente a la satisfacción de las necesidades vitales de su titular, la **disposición de cualquier bien o derecho aportado al patrimonio protegido efectuada en el período impositivo en que se realiza la aportación o en los cuatro siguientes** conlleva una serie de consecuencias fiscales para las distintas partes de la operación. El incumplimiento de ese requisito, salvo en los supuestos de fallecimiento del titular del patrimonio protegido, del aportante o de los trabajadores a los que se refiere el actual artículo 37.2 de la LIS, supondrá:

- Si el **aportante** fue un contribuyente por el IRPF, deberá reponer las reducciones en la base imponible indebidamente practicadas mediante la presentación de la oportuna autoliquidación complementaria con inclusión de los intereses de demora que procedan, en el plazo que medie entre la fecha en que se produzca la disposición y la finalización del plazo reglamentario de declaración correspondiente al período impositivo en que se realice dicha disposición.

- Por su parte, el **titular del patrimonio protegido** que recibió la aportación deberá integrar en la base imponible la parte de la aportación recibida que hubiera dejado de integrar en el período impositivo en el que recibió la aportación como consecuencia de la aplicación del artículo 7.w) de la LIRPF. Tendrá que presentar la oportuna autoliquidación complementaria con inclusión de los intereses de demora que procedan, en el plazo que medie entre la fecha en que se produzca la disposición y la finalización del plazo reglamentario de declaración correspondiente al período impositivo en que se realice dicha disposición.

Ahora bien, si la aportación se hubiera realizado al patrimonio protegido de los parientes, cónyuges o personas a cargo de los trabajadores en régimen de tutela o acogimiento, por un sujeto pasivo del Impuesto sobre Sociedades, la obligación anterior deberá ser cumplida por dicho trabajador. El trabajador tendrá que comunicar al empleador que efectuó las aportaciones, las disposiciones que se hayan realizado en el período impositivo. La falta de comunicación o la realización de comunicaciones falsas, incorrectas o inexactas constituirá infracción tributaria leve, que se sancionará con multa pecuniaria fija de 400 euros. La sanción impuesta podrá reducirse conforme al artículo 188.3 de la LGT.

> **A TENER EN CUENTA.** La Ley 8/2021, de 2 de junio, modificó el Código Civil de forma que la tutoría queda para los menores no emancipados en situación de desamparo o no sujetos a patria potestad, mientras que para las personas mayores de edad se ha sustituido la figura de la tutela y las incapacitaciones civiles por las medidas de acompañamiento para el ejercicio de la capacidad jurídica de las personas que lo precisen. Estas medidas de acompañamiento son, además de las de naturaleza voluntaria, la guarda de hecho, la curatela y

el defensor judicial. Por lo tanto, hoy en día, las referencias a la tutela deberán entenderse en los sentidos mencionados para las situaciones constituidas al amparo del nuevo régimen, aunque también comprenderán las situaciones de tutela previas que todavía no se hayan sustituido por nuevas medidas adaptadas a la Ley 8/2021, de 2 de junio.

Tratándose de bienes o derechos homogéneos se entenderá que fueron dispuestos los aportados en primer lugar.

Por otra parte, dado el especial destino que tiene asignado este patrimonio protegido, se considera que, **con carácter excepcional, pueden realizarse ciertos actos de disposición, sin respetar el plazo exigido** en el artículo 54.5 de la LIRPF y sin que ello de lugar a la regularización de las reducciones ya practicadas. Así, la Dirección General de Tributos viene entendiendo que:

- El **gasto de dinero y el consumo de bienes fungibles integrados en dicho patrimonio, cuando se realicen para atender las necesidades vitales de la persona beneficiaria,** no deben considerarse como disposición de bienes o derechos a efectos del requisito de mantenimiento de las aportaciones realizadas durante los cuatro años siguientes al ejercicio de su aportación. Ahora bien, para que ello sea posible, como los beneficios fiscales quedan ligados a la efectiva constitución de un patrimonio, deberá constituirse este último; lo que implica que, salvo en circunstancias excepcionales por las que puntualmente la persona con discapacidad pueda estar atravesando, el gasto de dinero o bienes fungibles antes del transcurso de cuatro años desde su aportación no debe impedir la constitución y el mantenimiento durante el tiempo del citado patrimonio protegido. En ese sentido se pronuncian, por ejemplo, las consultas vinculantes (V2556-23), de 25 de septiembre de 2023, o (V2467-23), de 14 de septiembre de 2023. Por lo demás, la concreción de las necesidades vitales de la persona y la efectiva existencia de un patrimonio protegido serán cuestiones de hecho que tendrán que acreditarse a través de los medios de prueba admitidos en derecho, según el artículo 106 de la LGT.

- En sentido análogo, Tributos considera que no conlleva regularización la **atención de las necesidades vitales del titular del patrimonio protegido con los frutos y rendimientos del patrimonio** constituido. Así, por ejemplo, las consultas vinculantes de la Dirección General de Tributos (V3193-23), de 11 de diciembre de 2023, o (V1526-08), de 24 de julio de 2008.

- También es criterio de ese Centro Directivo que no será necesario regularizar las reducciones practicadas cuando los actos de disposición que se realicen supongan una **administración activa del patrimonio tendente a mantener la productividad e integridad de la masa patrimonial,** siempre y cuando se efectúe de conformidad con el régimen de administración regulado en el artículo 5 de la Ley 41/2003, de 18 de noviembre. Por ejemplo, y de una manera más concreta, la aplicación de las aportaciones realizadas al patrimonio protegido a la realización de inversiones financieras o inmobiliarias no dará lugar a regularización siempre que se efectúe de conformidad con el régimen de administración del patrimonio protegido y el nuevo bien adquirido sustituya al bien o derecho inicialmente aportado en el patrimonio protegido. En ese caso, el cómputo del plazo establecido en el artículo 54.5 de la LIRPF se realizará en relación con el bien o derecho inicialmente aportado o aquel que pueda sustituirlo, para lo cual será necesaria la oportuna identificación de los mismos. A tal respecto, puede acudirse a la consulta vinculante de la Dirección General de Tributos (V1379-09), de 10 de junio de 2009, o la más reciente (V3018-23), de 21 de noviembre de 2023.

CUESTIONES

1. La reducción por aportaciones a un patrimonio especialmente protegido constituido al amparo de la Ley 41/2003, de 18 de noviembre, exige que las aportaciones se realicen con las formalidades que dicha norma especifica. En concreto, será necesario documento público o resolución judicial. ¿Bastaría a ese respecto con que en una escritura pública se hiciesen constar las aportaciones que se efectuarán en el futuro?

En principio, parece que de ese modo no se cumpliría el requisito exigido. En ese sentido, la consulta vinculante de la Dirección General de Tributos (V1812-20), de 8 de junio de 2020, apuntó que *«las aportaciones realizadas con posterioridad a la constitución del patrimonio protegido, al estar sujetas a las mismas formalidades establecidas para su constitución, deben realizarse mediante documento público autorizado por notario, o bien mediante resolución judicial, sea cual sea la naturaleza de los bienes o derechos aportados, sin que en consecuencia pueda entenderse cumplido dicho requisito a efectos de la aplicación de los referidos beneficios fiscales mediante el reflejo en la escritura pública de aportaciones futuras o no realizadas».*

2. Aquel que realice aportaciones a un patrimonio especialmente protegido de una persona con discapacidad, ¿tiene obligación de presentar la declaración de la renta?

En principio, la obligación de declarar dependerá de los tipos de renta que obtenga la persona física y de sus importes, en los términos que establece el artículo 96 de la LIRPF, como sucedería con cualquier otro contribuyente. Sin embargo, en este caso concreto, además, el artículo 61.1 del RIRPF puntualiza que *«a efectos de lo dispuesto en el apartado 4 de dicho artículo, estarán obligados a declarar en todo caso los contribuyentes que tengan derecho a deducción por doble imposición internacional o que realicen aportaciones a patrimonios protegidos de las personas con discapacidad, planes de pensiones, planes de previsión asegurados, planes de previsión social empresarial, seguros de dependencia o mutualidades de previsión social que reduzcan la base imponible, cuando ejerciten tal derecho».*

Tratamiento de las aportaciones en el IRPF del beneficiario y ventajas fiscales que pueden resultarle de aplicación

Las aportaciones realizadas al patrimonio protegido de las personas con discapacidad tienen la consideración de rendimientos del trabajo, de acuerdo con el artículo 17.2 k) de la LIRPF, en la forma prevista en la disposición adicional decimoctava de la misma norma.

Por lo tanto, es necesario acudir a esa disposición para conocer el tratamiento fiscal concreto que dichas aportaciones tendrán en el IRPF de la persona con discapacidad:

- Cuando los **aportantes sean contribuyentes del IRPF**, tendrán la consideración de **rendimientos del trabajo hasta el importe de 10.000 euros anuales por cada aportante y 24.250 euros anuales en conjunto**.

- Asimismo, y con independencia de los límites anteriores, cuando los **aportantes sean sujetos pasivos del Impuesto sobre Sociedades**, tendrán la consideración de rendimientos del trabajo siempre que **hayan sido gasto deducible en el Impuesto sobre Sociedades con el límite de 10.000 euros anuales**.

- Los rendimientos de los puntos anteriores:
    - Se beneficiarán de la exención prevista en la letra w) del artículo 7 de la LIRPF, que declara exentos, hasta un importe máximo anual de tres veces el indicador público de renta de efectos múltiples, los rendimientos del trabajo derivados de las aportaciones a patrimonios protegidos a que se refiere la disposición adicional decimoctava de la LIRPF.
    - No estarán sujetos a retención o ingreso a cuenta.

- Cuando las aportaciones se realicen por sujetos pasivos del IS a favor de los patrimonios protegidos de los parientes, cónyuges o personas a cargo de los empleados del aportante, únicamente tendrán la consideración de rendimiento del trabajo para el titular del patrimonio protegido.

- En el caso de **aportaciones no dinerarias**, la persona con discapacidad titular del patrimonio protegido se subrogará en la posición del aportante respecto de la fecha y el valor de adquisición de los bienes y derechos aportados, pero sin que, a efectos de ulteriores transmisiones, le resulte de aplicación el régimen previsto en la disposición transitoria novena de la LIRPF, que prevé los coeficientes de reducción aplicables a las transmisiones de elementos patrimoniales no afectos a actividades económicas adquiridos con anterioridad a 31 de diciembre de 1994. A la parte de la aportación no dineraria sujeta al Impuesto sobre Sucesiones y Donaciones se aplicará, a efectos de calcular el valor y la fecha de adquisición, lo establecido en el artículo 36 de la LIRPF (determinación de la ganancia patrimonial en caso de transmisiones a título lucrativo).

- **No estará sujeta al Impuesto sobre Sucesiones y Donaciones la parte de las aportaciones que tenga para el perceptor la consideración de rendimientos del trabajo.**

A TENER EN CUENTA. El apartado 21 del artículo 45.I.B) del Real Decreto Legislativo 1/1993, de 24 de septiembre, por el que se aprueba el Texto refundido de la Ley del Impuesto sobre Transmisiones Patrimoniales y Actos Jurídicos Documentados (LITPyAJD), establece que estarán exentas las aportaciones a los patrimonios protegidos de las personas con discapacidad.

CUESTIÓN

¿Existe alguna obligación de información para el titular de un patrimonio protegido?

Sí, los artículos 104.5 de la LIRPF y 71 del RIRPF se refieren a las obligaciones de información de los contribuyentes que sean titulares de patrimonios protegidos. Deberán presentar una declaración informativa sobre las aportaciones recibidas y las disposiciones realizadas durante cada año natural. Se presentará dentro del mes de enero de cada año, en relación con las aportaciones y disposiciones realizadas en el año inmediato anterior.

RESOLUCIÓN ADMINISTRATIVA

Consulta vinculante de la Dirección General de Tributos (V3193-23), de 11 de diciembre de 2023

Asunto: los beneficios fiscales establecidos en IRPF para las aportaciones al patrimonio protegido solo se aplican a las aportaciones a título gratuito y no se extienden a las rentas derivadas de los bienes y derechos que lo integran.

*«(...) para poder aplicar los beneficios fiscales recogidos en la normativa del IRPF para los patrimonios protegidos de personas con discapacidad, las aportaciones realizadas con posterioridad a la constitución del patrimonio deben realizarse **mediante documento público autorizado por notario, o bien mediante resolución judicial**, sea cual sea la naturaleza de los bienes o derechos aportados a dicho patrimonio, sin que en consecuencia pueda entenderse cumplido dicho requisito a efectos de la aplicación de los referidos beneficios fiscales mediante el reflejo en la escritura pública de aportaciones futuras o no realizadas.*

2º) De acuerdo con el artículo 1.1 de la citada Ley 41/2003, las aportaciones al patrimonio protegido deben ser aportaciones a título gratuito, por lo que las cantidades prestadas por el consultante a su hijo para el pago de la mejora de la vivienda de propiedad de este último integrada en su patrimonio protegido, al ser entregadas en concepto de préstamo realizado a éste, no podrían tener en ningún caso la naturaleza de aportaciones al patrimonio protegido al no ser gratuitas, no pudiendo aplicarse en consecuencia a los importes prestados los beneficios fiscales establecidos para la aportaciones al patrimonio protegido, por lo que la concesión del préstamo y su devolución serían irrelevantes respecto al tratamiento fiscal correspondiente a los beneficios fiscales aplicables a las aportaciones al patrimonio protegido, siendo asimismo irrelevante a dichos efectos el destino que se diera al dinero prestado.

3º) Los beneficios fiscales establecidos en la normativa del Impuesto para las aportaciones realizadas al patrimonio protegido no se extienden a las rentas sujetas al Impuesto derivadas de los bienes y derechos que integran dicho patrimonio.

En consecuencia, en lo que respecta a la tributación de las rentas derivadas del alquiler de la vivienda, partiendo de la consideración de que el arrendamiento objeto de consulta no se realiza como actividad económica, por no reunir los requisitos previstos en el artículo 27.2 de la LIRPF (utilización para la ordenación de la actividad de, al menos, una persona empleada con contrato laboral y a jornada completa), los rendimientos derivados del arrendamiento de la vivienda constituyen rendimientos del capital inmobiliario, de acuerdo con el artículo 22 de la LIRPF.

(...) queda obligado a tributar por las rentas del alquiler obtenidas la persona con discapacidad, al ser el propietario de la vivienda alquilada, asistido, en su caso, en el cumplimiento de sus obligaciones tributarias por sus representantes legales.

Por último, como se indica en la consulta V1526-08 entre otras, debe indicarse que no dará lugar a la regularización la atención de las necesidades vitales del titular del patrimonio con los frutos y rendimientos del patrimonio constituido, siendo las necesidades vitales de cada titular de un patrimonio protegido una cuestión de hecho que podrá acreditarse empleando cualquiera de los medios de prueba generalmente admitidos en derecho, cuya valoración corresponderá efectuar a los órganos de gestión e inspección de la Administración Tributaria».

2.6. Aportaciones a sistemas de previsión social a favor de personas con discapacidad

Planes de pensiones y sistemas de previsión social a favor de personas con discapacidad

El régimen financiero especial de los planes de pensiones y demás sistemas de previsión social a favor de personas con discapacidad se regula en la disposición adicional cuarta del Real Decreto Legislativo 1/2002, de 29 de noviembre, por el que se aprueba el texto refundido de la Ley de Regulación de los Planes y Fondos de Pensiones (en adelante, LPFP) y los artículos 12 y siguientes del Real Decreto 304/2004, de 20 de febrero, por el que se aprueba el Reglamento de planes y fondos de pensiones (en adelante, RPFP).

Según la disposición adicional cuarta de la LPFP, podrán realizarse aportaciones a planes de pensiones a favor de personas con un grado de discapacidad física o sensorial igual o superior al 65 %, psíquica igual o superior al 33 %, así como de personas con discapacidad sometidas a medidas de apoyo para el ejercicio de su capacidad jurídica con independencia de su grado. A los mismos les resultará aplicable el régimen financiero de los planes de pensiones, pero con las especialidades que recoge dicha disposición.

Unas especialidades que también se prevén, casi en idénticos términos, en la disposición adicional décima de la LIRPF. Son las siguientes:

- **Podrán efectuar aportaciones** al plan de pensiones tanto la persona con discapacidad partícipe como las personas que tengan con el mismo una relación de parentesco en línea directa o colateral hasta el tercer grado inclusive, así como el cónyuge o aquellos que les tuviesen a su cargo en régimen de tutela, acogimiento o medidas de acompañamiento para personas sometidas a ellas. En estos últimos supuestos, las personas con discapacidad habrán de ser designadas beneficiarias de manera única e irrevocable para cualquier contingencia. Ahora bien, la contingencia de muerte de la persona con discapacidad podrá generar derecho a prestaciones de viudedad, orfandad o a favor de quienes hayan realizado aportaciones al plan de pensiones de la persona con discapacidad en proporción a la aportación de estos.

> **A TENER EN CUENTA.** La Ley 8/2021, de 2 de junio, modificó el Código Civil de forma que la tutoría queda para los menores no emancipados en situación de desamparo o no sujetos a patria potestad, mientras que para las personas mayores de edad se ha sustituido la figura de la tutela y las incapacitaciones civiles por las medidas de acompañamiento para el ejercicio de la capacidad jurídica de las personas que lo precisen. Estas medidas de acompañamiento son, además de las de naturaleza voluntaria, la guarda de hecho, la curatela y el defensor judicial. Por lo tanto, hoy en día, las referencias a la tutela deberán entenderse en los sentidos mencionados para las situaciones constituidas al amparo del nuevo régimen, aunque también comprenderán las situaciones de tutela previas que todavía no se hayan sustituido por nuevas medidas adaptadas a la Ley 8/2021, de 2 de junio.

- Como **límite máximo de las aportaciones,** a efectos de lo previsto en el artículo 5.3 de la LPFP, se aplicarán las siguientes cuantías:

  - Las aportaciones anuales máximas realizadas por las personas con discapacidad partícipes no podrán rebasar la cantidad de 24.250 euros.

  - Las aportaciones anuales máximas realizadas por cada partícipe a favor de personas con discapacidad ligadas por relación de parentesco no podrán rebasar la cantidad de 10.000 euros. Ello sin perjuicio de las aportaciones que pueda realizar a su propio plan de pensiones, de acuerdo con el límite previsto en el artículo 5.3 de la LPFP.

  - Las aportaciones anuales máximas a planes de pensiones realizadas a favor de una persona con discapacidad, incluyendo sus propias aportaciones, no podrán rebasar la cantidad de 24.250 euros.

  La inobservancia de estos límites de aportación será objeto de la sanción prevista en el artículo 36.4 de la LPFP. A estos efectos, cuando concurran varias aportaciones a favor de la persona con discapacidad, se entenderá que el límite de 24.250 euros se cubre, primero, con las aportaciones de la propia persona con discapacidad, y cuando estas no superen dicho límite con las restantes aportaciones en proporción a su cuantía.

  La aceptación de aportaciones a un plan de pensiones, a nombre de un mismo beneficiario con discapacidad, por encima del límite de 24.250 euros anuales, tendrá la consideración de infracción muy grave, en los términos del artículo 35.3.n) de la LPFP.

- Este régimen será de aplicación a las aportaciones y prestaciones realizadas o percibidas de mutualidades de previsión social, de planes de previsión asegurados, planes de previsión social empresarial y seguros que cubran exclusivamente el riesgo de dependencia severa o de gran dependencia conforme a lo dispuesto en la Ley de promoción de la autonomía personal y atención a las personas en situación de dependencia a favor de personas con discapacidad que cumplan los requisitos previstos en los anteriores apartados y los que se establezcan reglamentariamente. Los límites establecidos serán conjuntos para todos los sistemas de previsión social previstos en la disposición.

Según el artículo 12 del RPFP, el grado de discapacidad se acreditará mediante certificado expedido conforme a la normativa aplicable o por resolución judicial firme.

Las reducciones en IRPF por aportaciones y contribuciones a sistemas de previsión social a favor de personas con discapacidad

Las aportaciones realizadas a planes de pensiones, mutualidades de previsión social, planes de previsión asegurados, planes de previsión social empresarial y seguros de dependencia constituidos a favor de determinadas personas con discapacidad, en la medida en que se adapten a la normativa financiera, darán derecho a reducir la base imponible del IRPF en los términos que indica el artículo 53 de la LIRPF.

Así, podrán ser objeto de reducción en la base imponible las aportaciones realizadas a **planes de pensiones** a favor de alguna de las siguientes personas con discapacidad:

- Con un grado de discapacidad **física o sensorial igual o superior al 65 %**.
- Con un grado de discapacidad **psíquica igual o superior al 33 %**.
- Personas **sometidas a medidas de apoyo** para el ejercicio de su capacidad jurídica con independencia de su grado.

A TENER EN CUENTA. En realidad, el precepto se refiere a «personas que tengan una incapacidad declarada judicialmente con independencia de su grado». Sin embargo, la Ley 8/2021, de 2 de junio, modificó el Código Civil de forma que la tutoría queda para los menores no emancipados en situación de desamparo o no sujetos a patria potestad, mientras que para las personas mayores de edad se ha sustituido la figura de la tutela y las incapacitaciones civiles por las medidas de acompañamiento para el ejercicio de la capacidad jurídica de las personas que lo precisen. Estas medidas de acompañamiento son, además de las de naturaleza voluntaria, la guarda de hecho, la curatela y el defensor judicial. Por lo tanto, hoy en día, la referencia debe entenderse en los sentidos mencionados para las situaciones constituidas al amparo del nuevo régimen, aunque también habrá que tener en cuenta las situaciones previas que todavía no se hayan sustituido por nuevas medidas adaptadas a la Ley 8/2021, de 2 de junio.

Dichas aportaciones podrán ser objeto de reducción con los siguientes límites máximos:

- Las aportaciones anuales realizadas a planes de pensiones a favor de personas con discapacidad con las que exista relación de parentesco, tutoría o medidas de acompañamiento para personas sometidas a ellas, con el límite de **10.000 euros anuales**. Ello, sin perjuicio de las aportaciones que puedan realizar a sus propios planes de pensiones, de acuerdo con los límites que regula el artículo 52 de la LIRPF.

- Las aportaciones anuales realizadas por las personas con discapacidad partícipes, con el límite de **24.250 euros anuales**.

- El **conjunto** de las reducciones practicadas por todas las personas que realicen aportaciones a favor de una misma persona con discapacidad, incluidas las de la propia persona con discapacidad, no podrá exceder de **24.250 euros anuales**.

  A estos efectos, cuando concurran varias aportaciones a favor de la persona con discapacidad, habrán de ser objeto de reducción, en primer lugar, las aportaciones realizadas por la propia persona con discapacidad, y solo si las mismas no alcanzaran el límite de 24.250 euros señalado, podrán ser objeto de reducción las aportaciones realizadas por otras personas a su favor en la base imponible de estas, de forma proporcional, sin que, en ningún caso, el conjunto de las reducciones practicadas por todas las personas que realizan aportaciones a favor de una misma persona con discapacidad pueda exceder de 24.250 euros.

- Las aportaciones que no hubieran podido ser objeto de reducción en la base imponible por insuficiencia de la misma podrán reducirse en los **cinco ejercicios siguientes**. Esta regla no resultará de aplicación a las aportaciones y contribuciones que excedan de los límites indicados.

  Según indica el artículo 51 del RIRPF, la solicitud deberá realizarse en la declaración del impuesto correspondiente al ejercicio en el que las aportaciones realizadas no hubieran podido ser objeto de reducción por insuficiencia de base imponible. Cuando concurran aportaciones realizadas en el ejercicio con aportaciones de ejercicios anteriores que no hayan podido ser objeto de reducción por insuficiencia de base imponible, se entenderán reducidas, en primer lugar, las aportaciones correspondientes a años anteriores; una vez aplicadas las reducciones de años anteriores, la reducción de las aportaciones realizadas en el ejercicio deberá respetar el límite máximo oportuno. La reducción de los excesos se realizará con sujeción a los límites estudiados.

Por lo demás, y como antes se anticipaba, este régimen también resultará de aplicación a las aportaciones a **mutualidades de previsión social,** a las primas satisfechas a los **planes de previsión asegurados,** a los **planes de previsión social empresarial** y a los **seguros de dependencia** que cumplan los requisitos previstos en el artículo 51 y en la disposición adicional décima de la LIRPF. En tal caso, los límites antes señalados serán conjuntos para todos los sistemas de previsión social constituidos a favor de personas con discapacidad.

Las aportaciones a estos sistemas de previsión social constituidos a favor de personas con discapacidad, realizadas por las personas de la disposición adicional décima de la LIRPF, no estarán sujetas al Impuesto sobre Sucesiones y Donaciones.

Por lo que se refiere a la percepción de las prestaciones y la disposición anticipada de derechos consolidados o económicos en supuestos distintos de los previstos en la disposición adicional décima de la LIRPF, se aplicarán las siguientes reglas (apartados 8 y 9 del artículo 51 de la LIRPF):

- Si el **contribuyente dispusiera de los derechos consolidados, así como los derechos económicos** que se derivan de los diferentes sistemas de previsión social mencionados, total o parcialmente, en supuestos distintos de los previstos en la normativa de planes y fondos de pensiones, deberá reponer las reducciones en la base imponible indebidamente practicadas, mediante las oportunas autoliquidaciones complementarias, con inclusión de los intereses de demora. Las cantidades percibidas que excedan del importe de las aportaciones realizadas, incluyendo, en su caso, las contribuciones imputadas por el promotor tributarán como rendimiento del trabajo en el período impositivo en que se perciban.

- La reducción resultará de aplicación **cualquiera que sea la forma en la que se perciba la prestación**. En el caso de que la misma se perciba en forma de renta vitalicia asegurada, se podrán establecer mecanismos de reversión o períodos ciertos de prestación o fórmulas de contraseguro en caso de fallecimiento una vez constituida la renta vitalicia.

RESOLUCIÓN ADMINISTRATIVA

Consulta vinculante de la Dirección General de Tributos (V2765-19), de 9 de octubre de 2019

Asunto: la reducción del artículo 53 de la LIRPF es independiente de la del artículo 54 de la LIRPF.

«(...) la aplicación del régimen fiscal especial de los sistemas de previsión social constituidos a favor de personas con discapacidad está condicionada al cumplimiento previo del régimen financiero especial.

Debe señalarse que este Centro Directivo no es el órgano competente para determinar si la consultante se encuentra entre las personas que pueden acogerse a este régimen especial.

No obstante lo anterior, a título informativo, se traslada el criterio que sustenta la Dirección General de Seguros y Fondos de Pensiones del Ministerio de Economía y Empresa:

"Sin perjuicio de la valoración de las situaciones particulares por parte de las entidades gestoras de fondos de pensiones, este Centro Directivo considera admisibles, en principio, a efectos del régimen especial de planes de pensiones para personas con discapacidad, los certificados en los que conste únicamente el grado de discapacidad, siempre que sea igual o superior al 65 %, aunque no se especifique el tipo o tipos de minusvalía, atendiendo a la finalidad de dicho régimen especial de favorecer la previsión social complementaria de personas con discapacidad".

En cuanto al régimen fiscal de las aportaciones a los planes de pensiones constituidos a favor de personas con discapacidad, en la medida en que las mismas se adapten a la normativa financiera, tales aportaciones, de acuerdo con lo establecido en el artículo 53.1 de la citada LIRPF, podrán ser objeto de reducción en la base imponible general con los siguientes límites máximos:

(...)

De acuerdo con lo anterior, las aportaciones realizadas por otras personas a sistemas de previsión social constituidos a favor de la persona con discapacidad podrán ser objeto de reducción en la base imponible con el límite máximo de 10.000 euros anuales. Dicha reducción deberá respetar igualmente el límite conjunto de 24.250 euros anuales de las reducciones practicadas por todas las personas que realicen aportaciones a favor de una misma persona con discapacidad, incluidas las de la propia persona con discapacidad.

Por último, en relación a la última cuestión planteada en su escrito de consulta, se concluye que la reducción regulada en el artículo 53 de la LIRPF es independiente de la establecida en el artículo 54 de la misma ley.

No obstante, debe tenerse en cuenta que, en virtud de lo establecido en el artículo 50 de la LIRPF, la base liquidable general no podrá resultar negativa como consecuencia de la aplicación, entre otras, de ambas reducciones».

CUESTIÓN

Una persona con una discapacidad física del 70 % tiene constituido un patrimonio protegido en su favor. Sus familiares van realizando aportaciones al mismo y ahora el titular está pensando en contratar un plan de pensiones para personas con discapacidad, aportando al mismo con cargo al dinero del patrimonio protegido. ¿Son compatibles la reducción por aportaciones al patrimonio protegido de la persona con discapacidad y las reducciones por aportaciones a planes de pensiones constituidos a favor de personas con discapacidad?

Con respecto a la posibilidad de aplicar los beneficios fiscales por la aportación realizada por la persona con discapacidad de dinero previamente aportado al patrimonio protegido del que es titular, la Dirección General de Tributos manifestó lo siguiente en su consulta vinculante (V0423-08), de 25 de febrero de 2008:

«(...) el reconocimiento de la posibilidad de realizar reducciones en la base imponible como consecuencia de las aportaciones a planes de pensiones constituidos a favor de personas con discapacidad, regulado en el artículo 53 de la ley 35/2006, de 28 de noviembre, del Impuesto sobre la Renta de las Personas Físicas y de modificación parcial de las leyes de los Impuestos sobre Sociedades, sobre la Renta de no Residentes y sobre el Patrimonio, constituye un beneficio fiscal distinto del establecido en el artículo 54 de dicha Ley, consistente en las reducciones que pueden practicarse en la base imponible por aportaciones a patrimonios protegidos de las personas con discapacidad.

Cada uno de los anteriores beneficios fiscales es independiente respecto del otro y también incompatible, por lo que no se admite la combinación de ambos».

Más recientemente, también ha reiterado ese criterio, por ejemplo, en su consulta vinculante (V1422-22), de 16 de junio de 2022.

Referencia al tratamiento de las prestaciones que perciba la persona con discapacidad

Conforme al artículo 17.2.a).3.ª de la LIRPF:

«2. En todo caso, tendrán la consideración de rendimientos del trabajo:
a) Las siguientes prestaciones:
(...)
3.ª Las prestaciones percibidas por los beneficiarios de planes de pensiones y las percibidas de los planes de pensiones regulados en la Di-

rectiva (UE) 2016/2341 del Parlamento Europeo y del Consejo, de 14 de diciembre de 2016, relativa a las actividades y la supervisión de fondos de pensiones de empleo.

Asimismo, las cantidades percibidas en los supuestos contemplados en el artículo 8.8 del texto refundido de la Ley de Regulación de los Planes y Fondos de Pensiones, aprobado por el Real Decreto Legislativo 1/2002, de 29 de noviembre, tendrán el mismo tratamiento fiscal que las prestaciones de los planes de pensiones».

Por lo tanto, las prestaciones percibidas por el beneficiario del plan de pensiones tendrán la consideración de **rendimientos del trabajo** a los efectos de su IRPF. Eso sí, el artículo 7.w) de la LIRPF declara **exentos** aquellos rendimientos del trabajo que se deriven de las prestaciones obtenidas **en forma de renta por las personas con discapacidad correspondientes a las aportaciones a las que se refiere el artículo 53 de la LIRPF**, hasta un importe máximo anual de tres veces el indicador público de renta de efectos múltiple.

RESOLUCIÓN ADMINISTRATIVA

Consulta vinculante de la Dirección General de Tributos (V1433-23), de 25 de mayo de 2023

Asunto: imposibilidad de aplicar el régimen fiscal especial previsto para los planes de pensiones constituidos a favor de personas con discapacidad si las aportaciones se realizaron bajo el régimen general.

«Como puede observarse se establece un régimen fiscal especial para las prestaciones percibidas por personas con discapacidad, siempre y cuando tales prestaciones deriven de aportaciones realizadas a planes de pensiones constituidos a favor de personas con un grado de minusvalía física o sensorial igual o superior al 65 por ciento, psíquica igual o superior al 33 por ciento o con una incapacidad declarada judicialmente.

Sin embargo, no se podrán acoger a dicho régimen especial las prestaciones que deriven de aportaciones realizadas a planes de pensiones conforme al régimen general, aunque se tenga reconocida una discapacidad.

En el caso consultado, no queda acreditado que se hayan realizado aportaciones a planes de pensiones constituidos a favor de personas con discapacidad, para los cuales existe un régimen especial. En este sentido, ha de precisarse que la opción por el régimen especial debe ser previa a la realización de aportaciones, por lo que los derechos que se hubieran generado con aportaciones realizadas a planes de pensiones bajo el régimen general en ningún caso podrán acogerse al régimen especial previsto para planes de pensiones a favor de personas con discapacidad.

De acuerdo con lo anterior, si las aportaciones a los planes de pensiones se han realizado bajo el régimen general, no podrá aplicarse el régimen especial previsto para planes de pensiones constituidos a favor de personas con discapacidad, aunque en el momento de percibir la prestación se tenga reconocido un grado de minusvalía física o sensorial igual o superior al 65 por ciento, psíquica igual o superior al 33 por ciento o una incapacidad declarada judicialmente.

En consecuencia, no resultaría de aplicación la exención prevista en el artículo 7.w) de la LIRPF y, por tanto, sería aplicable el régimen general de tributación de las prestaciones de planes de pensiones previsto en el artículo 17.2.a).3ª de la LIRPF».

2.7. Reducciones en caso de tributación conjunta

Posibilidad de reducir la base imponible en tributación conjunta en ciertos casos

Podrán tributar conjuntamente en el IRPF las personas que formen parte de alguna de las **modalidades de unidad familiar que establece el artículo 82 de la LIRPF**:

- La unidad familiar integrada por los cónyuges no separados legalmente y, si los hubiera:

  - Los hijos menores, con excepción de los que, con el consentimiento de los padres, vivan independientes de estos.

  - Los hijos mayores de edad incapacitados judicialmente sujetos a patria potestad prorrogada o rehabilitada (mientras no se dicte resolución que sustituya ese régimen de conformidad con la Ley 8/2021, de 2 de junio) o, en su caso, los hijos mayores de edad con discapacidad para los que se establezca la curatela representativa en los mismos supuestos en los que, con carácter previo a la Ley 8/2021, de 2 de junio, se establecía la patria potestad prorrogada o rehabilitada de acuerdo con el ahora derogado artículo 171 del Código Civil, ejercida por las mismas personas a quienes habría correspondido la patria potestad si el hijo fuera menor de edad.

> **A TENER EN CUENTA.** El antiguo artículo 171 del CC (derogado por la Ley 8/2021, de 2 de junio, con efectos de 3 de septiembre de 2021) establecía lo siguiente en su primer párrafo: «La patria potestad sobre los hijos que hubieran sido incapacitados quedará prorrogada, por ministerio de la Ley, al llegar aquéllos a la mayor edad. Si el hijo mayor de edad soltero que viviere en compañía de sus padres o de cualquiera de ellos fuere incapacitado se rehabilitará la patria potestad, que será ejercida por quien correspondiere si el hijo fuera menor de edad. La patria potestad prorrogada en cualquiera de estas dos formas se ejercerá con sujeción a lo especialmente dispuesto en la resolución de incapacitación y, subsidiariamente, en las reglas del presente título».

- En los casos de separación legal, o cuando no existiera vínculo matrimonial, la formada por el padre o la madre y todos los hijos que convivan con uno u otro y que reúnan los requisitos indicados para la modalidad anterior.

Los miembros de la unidad familiar se determinarán atendiendo a la situación existente a 31 de diciembre de cada año. Por otra parte, conviene tener presente que una misma persona no podrá formar parte de dos unidades familiares al mismo tiempo.

Así las cosas, como regla general, los progenitores no podrán presentar declaración conjunta con sus hijos mayores de edad, por entenderse que no forman parte de su unidad familiar (incluso aunque convivan), salvo en aquellos supuestos en los que el hijo mayor de edad con discapacidad esté sometido a medidas de apoyo para el ejercicio de su capacidad jurídica en los términos antes indicados.

Una vez centrada la cuestión, conviene resaltar que, cuando se presenta declaración conjunta, se aplican las reglas generales del impuesto sobre determinación de la renta de los contribuyentes, determinación de las bases imponible y liquidable y determinación de la deuda tributaria, pero con las especialidades que determina el artículo 84 de la LIRPF. Esto supone que, por ejemplo, como regla general, se apliquen los importes y los límites cuantitativos establecidos a efectos de la tributación individual en idéntica cuantía, sin elevarlos o multiplicarlos en función del número de miembros de la unidad familiar, salvo ciertas particularidades.

Y, justamente, una de esas particularidades viene dada por la posibilidad de aplicar ciertas reducciones por tributación conjunta:

- En la **primera de las modalidades de unidad familiar** indicadas (cónyuges no separados legalmente e hijos), la base imponible se reducirá en **3.400 euros anuales**, con carácter previo a las reducciones previstas en los artículos 51, 53 y 54 y en la disposición adicional undécima de la LIRPF.

- En la **segunda de las modalidades de unidad familiar**, la base imponible se reducirá en **2.150 euros anuales**, con carácter previo a las reducciones previstas en los artículos 51, 53 y 54 y en la disposición adicional undécima de la LIRPF. Ahora bien, no se aplicará esta reducción cuando el contribuyente conviva con el padre o la madre de alguno de los hijos que forman parte de su unidad familiar.

En ambos casos, la reducción se aplicará, en primer lugar, a la base imponible general, sin que pueda resultar negativa como consecuencia de tal minoración. El remanente, si lo hubiera, minorará la base imponible del ahorro, que tampoco podrá resultar negativa.

RESOLUCIÓN ADMINISTRATIVA

Consulta vinculante de la Dirección General de Tributos (V1509-23), de 2 de junio de 2023

Asunto: reducción en caso de tributación conjunta de un progenitor divorciado con sus hijos.

«El progenitor que presente la declaración conjunta con los dos hijos en común, en caso de que todos ellos formen parte de la segunda de las modalidades de unidad familiar del artículo 82 de la LIRPF (unidad familiar formada por el progenitor, en este caso la madre, y los dos hijos en común con su ex cónyuge), de acuerdo con su artículo 84.2.4º de la Ley del Impuesto, y dado que de acuerdo con la información contenida en el escrito de consulta, no hay convivencia entre ambos progenitores pues ambos se han divorciado, el importe de la reducción será de 2.150 euros anuales que se practicará de la forma indicada en dicho precepto».

2.8. Deducciones

Las deducciones en IRPF en favor de las personas con discapacidad a nivel estatal y autonómico

Sin duda, las deducciones por discapacidad son uno de los beneficios fiscales del IRPF más conocidos por el público en general.

Al igual que sucedía con los mínimos personales y familiares, dada la **estructura en dos tramos del IRPF (estatal y autonómico)**, las comunidades autónomas también podrán asumir competencias normativas en el ámbito de las deducciones. En concreto, podrán asumirlas en materia de deducciones en la cuota íntegra por circunstancias personales y familiares, por inversiones no empresariales y por aplicación de renta, siempre que no supongan, directa o indirectamente, una minoración del gravamen efectivo de alguna o algunas categorías de renta; aunque, eso sí, no podrán regular deducciones de la cuota establecidas y reguladas por la normativa del Estado [apartados 1.c) y 2.b) del artículo 46 de la Ley 22/2009, de 18 de diciembre].

Habida cuenta del objeto de esta guía y de la imposibilidad de estudiar todas las deducciones estatales y autonómicas que se prevén para las personas con discapacidad o cuyo régimen contempla particularidades con respecto a ellas, nos centraremos en desarrollar las estatales y, en la parte autonómica, simplemente enumeraremos las más destacadas.

Deducciones estatales aplicables a las personas con discapacidad

Básicamente, a nivel estatal, son dos las deducciones más relevantes:

- Las **deducciones por personas con discapacidad a cargo**, del artículo 81 bis de la LIRPF.

- El **régimen transitorio de la deducción por obras e instalaciones para adecuar la vivienda habitual por razón de discapacidad**, como modalidad de la deducción por inversión en vivienda habitual prevista hasta el año 2013 por el artículo 68.1 de la LIRPF, que se mantiene en ciertos casos y en los términos que recoge la disposición transitoria decimoctava de la LIRPF.

Por su especial interés, estudiaremos ambas figuras más a fondo en los siguientes epígrafes. Sin embargo, antes de entrar en ellas, cabe hacer referencia también a cierta especialidad que se establece para las personas con discapacidad en el marco de la **deducción por inversiones en producciones cinematográficas, series audiovisuales y espectáculos en vivo de artes escénicas y musicales.**

Dicha deducción se regula en el artículo 36 de la LIS y pueden aplicarla los contribuyentes del IRPF que **ejerzan actividades económicas en estimación**

directa, al amparo del artículo 68.2 de la LIRPF. Su importe, conjuntamente con el resto de ayudas percibidas, no podrá superar el 50 % del coste de producción, salvo en ciertos supuestos concretos para los que el precepto establece un límite más elevado. Y uno de ellos afecta, precisamente, a las personas con discapacidad. En concreto, ese límite se incrementa hasta el 80 % en el caso de producciones dirigidas en exclusiva por personas con un grado de discapacidad igual o superior al 33 % reconocido por el órgano competente.

‖ Las deducciones por personas con discapacidad a cargo

El artículo 81 bis de la LIRPF permite que los contribuyentes que realicen una actividad por cuenta propia o ajena por la cual estén dados de alta en el régimen correspondiente de la Seguridad Social o mutualidad puedan **minorar la cuota diferencial** del impuesto en las siguientes deducciones por personas con discapacidad a cargo:

- Por cada **descendiente con discapacidad** con derecho a la aplicación del mínimo por descendientes del artículo 58 de la LIRPF, **hasta 1.200 euros anuales**.

- Por cada **ascendiente con discapacidad** con derecho a la aplicación del mínimo por ascendientes del artículo 59 de la LIRPF, **hasta 1.200 euros anuales**.

- Por el **cónyuge no separado legalmente con discapacidad**, siempre que no tenga rentas anuales, excluidas las exentas, superiores a 8.000 euros ni genere el derecho a las deducciones previstas en los dos puntos anteriores, **hasta 1.200 euros anuales**. Con respecto a estos dos requisitos específicos, cabe hacer las siguientes precisiones:
  - En cuanto a la necesidad de dependencia económica, que concurrirá cuando la persona con discapacidad **no tenga rentas anuales, excluidas las exentas, superiores a 8.000 euros**, la Dirección General de Tributos viene reiterando, ya desde su consulta vinculante (V3250-13), de 5 de noviembre de 2013, que «*el concepto de renta anual, a estos efectos, está constituido por la suma algebraica de los rendimientos netos (del trabajo, capital mobiliario e inmobiliario, y de actividades económicas), de imputaciones de rentas y de las ganancias y pérdidas patrimoniales computadas en el año, sin aplicar las reglas de integración y compensación. Ahora bien, los rendimientos deben computarse por su importe neto, esto es, una vez deducidos los gastos pero sin aplicación de las reducciones correspondientes, salvo en el caso de rendimientos del trabajo, en los que se podrán tener en cuenta la reducción prevista en el artículo 18 de la LIRPF al aplicarse con carácter previo a la deducción de gastos*». En ese sentido se pronuncian también, por ejemplo y entre otras, sus consultas vinculantes (V1223-23), de 10 de mayo de 2023, o (V1238-22), de 31 de mayo de 2022. Por lo demás, se trata de un requisito que, aunque para la deducción por descendiente o ascendiente con discapacidad no se exige expresamente en el artículo 81 bis de la LIRPF, en realidad también debe concurrir en esos

supuestos, puesto que es condición necesaria para que proceda el mínimo por descendientes o por ascendientes, de acuerdo con los artículos 58 y 59 de la LIRPF.

– Por lo que se refiere al requisito de que el cónyuge no separado legalmente con discapacidad **no genere el derecho a las deducciones por descendiente o ascendiente con discapacidad**, la Dirección General de Tributos lo interpreta según su tenor literal. Entiende que «*dicho requisito no se refiere a que, por razón de esa persona con discapacidad, un contribuyente haya aplicado de forma efectiva en su declaración (u obtenido el pago adelantado) la deducción por descendiente o ascendiente con discapacidad. Basta con que el cónyuge con discapacidad genere el derecho a un contribuyente a la deducción prevista en la letra a) o b) del apartado 1 del artículo 81 bis de la LIRPF, para que no sea posible aplicar la deducción por cónyuge con discapacidad*» [consulta vinculante (V3091-23), de 24 de noviembre de 2023].

A TENER EN CUENTA. Además de las tres deducciones anteriores, el artículo 81 bis de la LIRPF también prevé una deducción por familia numerosa o por ser un ascendiente separado legalmente, o sin vínculo matrimonial, con dos hijos sin derecho a percibir anualidades por alimentos y por los que tenga derecho a la totalidad del mínimo del artículo 58 de la LIRPF. Sin embargo, y dado el objeto de esta guía, prescindimos de su estudio.

Asimismo, podrán minorar la cuota diferencial del impuesto en las deducciones anteriores los **contribuyentes que perciban las siguientes prestaciones**:

- **Prestaciones contributivas y asistenciales del sistema de protección del desempleo.**

- **Pensiones abonadas por el Régimen General y los Regímenes especiales de la Seguridad Social o por el Régimen de Clases Pasivas del Estado.**

- Prestaciones **análogas a las anteriores reconocidas a los profesionales** no integrados en el régimen especial de la Seguridad Social de los trabajadores por cuenta propia o autónomos por las **mutualidades de previsión social que actúen como alternativas al régimen especial de la Seguridad Social** mencionado, siempre que se trate de prestaciones por situaciones idénticas a las previstas para la correspondiente pensión de la Seguridad Social.

CUESTIONES

1. Si el cónyuge con discapacidad, no separado legalmente del contribuyente, percibe rendimientos del trabajo, ¿qué importe se tendrá en cuenta para ver si supera o no el límite de renta que permite aplicar la deducción del artículo 81 bis de la LIRPF?

En el caso de rendimientos del trabajo (por ejemplo, por un salario como trabajador por cuenta ajena o por una pensión por incapacidad permanente total del INSS), el concepto de rendimiento neto del trabajo que deberá tenerse en cuenta para aplicar este límite será el definido en el artículo 19 de la LIRPF (incluyendo la minoración por aplicación de la reducción del artículo 18 de la LIRPF), quedando dicho rendimiento minorado en todos los gastos del artículo 19.2 de la LIRPF, incluido el gasto específico de 2.000 euros que recoge su letra f). Y también habría que minorar, por ejemplo, los incrementos de gasto que, en su caso, pudieran corresponder a los trabajadores activos con discapacidad, siempre que se cumplan los requisitos para ello, tal y como se desprendería de la consulta vinculante de la Dirección General de Tributos (V2054-23), de 13 de julio de 2023.

2. ¿Un desempleado puede aplicarse la deducción por personas con discapacidad a cargo del artículo 81 bis de la LIRPF?

En principio, sí, siempre que perciba prestaciones contributivas y asistenciales del sistema de protección del desempleo y que, por supuesto, se cumplan el resto de los requisitos necesarios para la deducción.

RESOLUCIÓN ADMINISTRATIVA

Consulta vinculante de la Dirección General de Tributos (V1675-22), de 14 de julio de 2022

Asunto: ¿puede aplicarse la deducción por personas con discapacidad a cargo quien percibe una pensión del extranjero?

«(...) es necesario resaltar que para la aplicación de estas deducciones se requiere en todo caso que los beneficiarios realicen actividad por cuenta propia o ajena por la cual estén dados de alta en el régimen correspondiente de la Seguridad Social o mutualidad, o perciba alguna de las prestaciones anteriormente señaladas.

En este caso, la consultante manifiesta que percibe una pensión del Reino Unido.

En este sentido, cabe decir que la aplicación de las deducciones por familia numerosa o personas con discapacidad a cargo se extiende a los contribuyentes dados de alta en el extranjero en sistemas públicos de protección social análogos a la Seguridad Social española o a las mutualidades de previsión social alternativas a la Seguridad Social, y a los que reciben prestaciones por desempleo o pensiones de regímenes públicos de previsión social correspondientes a Estados distintos de España.

Por lo tanto, las referencias realizadas en la normativa del Impuesto a la Seguridad Social, no solo la efectuada en el artículo 81.bis de la Ley del Impuesto, sino cualquier otra referencia, deben entenderse realizadas a sistemas públicos equivalentes existentes en otros Estados, habiéndose manifestado dicho criterio de forma reiterada, por ejemplo, en las consultas vinculantes V1326-15, de 29 de abril, o la V4674-16, de 3 de noviembre».

| Cuantía de la deducción y límites

Cuando dos o más contribuyentes tengan derecho a la aplicación de alguna de las anteriores deducciones respecto de un mismo descendiente, ascendiente o familia numerosa, su importe se prorrateará entre ellos por partes iguales, sin perjuicio de la posibilidad de cesión del derecho a la deducción a otro contribuyente que tenga derecho a aplicarla con respecto a un mismo descendiente o ascendiente, en los términos que luego se verán.

El **cálculo de la deducción** se realizará de forma **proporcional al número de meses en que se cumplan de forma simultánea los requisitos** mencionados. Para el cómputo del número de meses se tendrán en cuenta las siguientes reglas, que establece el artículo 60 bis.2 del RIRPF:

- La determinación del estado civil y de la situación de discapacidad se realizará de acuerdo con su **situación el último día de cada mes**.
- El requisito de alta en el régimen correspondiente de la Seguridad Social o mutualidad se entenderá cumplido cuando esta situación se produzca en cualquier día del mes. Este requisito no será aplicable cuando se trate de contribuyentes que perciban las prestaciones antes enumeradas.
- Se entenderá cumplido el requisito de percibir las prestaciones referidas cuando las mismas se perciban en cualquier día del mes.

En cuanto a los **límites**:

- En el caso de los **contribuyentes que realicen una actividad por cuenta propia o ajena por la que estén de alta** en el régimen correspondiente de la Seguridad Social o mutualidad, el límite para cada una de las deducciones serán las **cotizaciones y cuotas totales a la Seguridad Social y mutualidades devengadas en cada período impositivo**. No obstante, si el contribuyente tuviera derecho a la deducción por descendiente o ascendiente con discapacidad respecto de varios ascendientes o descendientes con discapacidad, el citado límite se aplicará de forma independiente respecto de cada uno de ellos.

  Para calcular el límite se computarán las cotizaciones y cuotas por sus importes íntegros sin tomar en consideración las bonificaciones que pudieran corresponder (artículo 60 bis del RIRPF).

- El límite anterior **no se aplicará cuando se trate de contribuyentes que perciban las prestaciones** contributivas y asistenciales del sistema de protección del desempleo, pensiones abonadas por el Régimen General y los Regímenes especiales de la Seguridad Social o por el Régimen de Clases Pasivas del Estado o las prestaciones análogas señaladas al inicio del epígrafe.

| Abono anticipado

Podrá solicitarse a la AEAT el abono de las deducciones de forma anticipada, casos en los que no se minorará la cuota diferencial del impuesto. En particular, y atendiendo al desarrollo reglamentario, los contribuyentes con derecho a aplicar estas deducciones podrán solicitar el **abono anticipado por cada uno de los meses en que perciban las prestaciones o estén dados de alta** en la Seguridad Social o mutualidad y coticen los siguientes **plazos** mínimos:

- Trabajadores con contrato de trabajo a jornada completa, en alta durante al menos 15 días de cada mes en el Régimen General o en los Regímenes especiales de la Minería del Carbón y de los Trabajadores del Mar.

- Trabajadores con contrato de trabajo a tiempo parcial cuya jornada laboral sea de, al menos, el 50 % de la jornada ordinaria en la empresa, en cómputo mensual, y se encuentren en alta durante todo el mes en los regímenes citados en el punto anterior.

- En el caso de trabajadores por cuenta ajena en alta en el Sistema Especial para Trabajadores por Cuenta Ajena Agrarios incluidos en el Régimen General de la Seguridad Social cuando se hubiera optado por bases diarias de cotización, que realicen, al menos, 10 jornadas reales en dicho período.

- Trabajadores incluidos en los restantes Regímenes Especiales de la Seguridad Social no citados en los puntos anteriores o mutualistas de las respectivas mutualidades alternativas a la Seguridad Social que se encuentren en alta durante 15 días en el mes.

Para el abono anticipado de la deducción por cónyuge no separado legalmente con discapacidad, la cuantía de las rentas anuales a tomar en consideración serán las correspondientes al último período impositivo cuyo plazo de presentación de autoliquidación hubiera finalizado al inicio del ejercicio en el que se solicita su abono anticipado (disposición adicional cuadragésima segunda de la LIRPF y artículo 60 bis del RIRPF).

La solicitud de abono anticipado se realizará a través del **modelo 143** «Impuesto sobre la Renta de las Personas Físicas. Deducciones por familia numerosa, por ascendiente con dos hijos o por personas con discapacidad a cargo. Solicitud de abono anticipado», aprobado por la Orden HAP/2486/2014, de 29 de diciembre. La solicitud podrá ser individual o colectiva. En concreto, podrá optarse por presentar una solicitud colectiva por todos los contribuyentes que pudieran tener derecho a la deducción respecto de un mismo descendiente o ascendiente; caso en el que deberá designarse como primer solicitante a un contribuyente que cumpla, en el momento de presentar la solicitud, los requisitos del artículo 81 bis.1 de la LIRPF. Cada mes de enero se podrá modificar la modalidad de solicitud respecto de cada una de las deducciones.

Por lo demás, el abono anticipado se tramitará en la forma que señala el artículo 60 bis.4 del RIRPF. Si procede el pago anticipado, se efectuará mensualmente por la AEAT mediante transferencia bancaria, por importe de 100 euros por cada descendiente o ascendiente, si la solicitud fue colectiva. En caso de solicitud individual, se abonará al solicitante la cantidad que resulte de dividir ese importe entre el número de contribuyentes con derecho a la aplicación del mínimo respecto del mismo descendiente o ascendiente con discapacidad. El importe del abono mensual de la deducción de forma anticipada por cónyuge no separado legalmente con discapacidad será de 100 euros. Con todo, la ministra de Hacienda podrá autorizar el abono por cheque cruzado o nominativo cuando concurran circunstancias que lo justifiquen.

Los contribuyentes con derecho a ese abono anticipado estarán obligados a **comunicar a la Administración tributaria las variaciones** que le afecten, así como el hecho de que, por alguna causa o circunstancia sobrevenida, se incumpla alguno de los requisitos para su percepción. Esa comunicación se hará a través del modelo 143, en el plazo de los 15 días naturales siguientes a aquel en que se hubiera producido la variación o incumplimiento de los requisitos (artículo 5.2 de la Orden HAP/2486/2014, de 29 de diciembre). Si, con posterioridad a la pérdida del derecho al abono anticipado, se tuviera derecho nuevamente al mismo y se deseara percibir de esta forma el importe de la deducción, deberá presentarse una nueva solicitud ajustada al modelo.

Cuando el importe de cada una de las deducciones no se correspondiera con el de su abono anticipado, los contribuyentes deberán regularizar esa situación ante la Agencia Tributaria.

No serán exigibles intereses de demora por la percepción, a través del abono anticipado y por causa no imputable al contribuyente, de cantidades superiores a las deducciones reguladas en el artículo 81 bis de la LIRPF.

> **CUESTIÓN**
>
> **Si el abono anticipado se solicita de forma colectiva, ¿a qué contribuyente se le realizará el pago?**
>
> A tenor de la letra b) del artículo 60 bis.4.1.º del RIRPF, en caso de solicitud colectiva, el abono se efectuará a quien figure como primer solicitante.

| Posibilidad de cesión del derecho a la deducción

Cuando **dos o más contribuyentes tengan derecho a la aplicación de alguna de las deducciones respecto de un mismo descendiente o ascendiente**, se podrá ceder el derecho a la deducción a uno de ellos. En este supuesto, de cara al cálculo de la deducción, se aplicarán las **reglas especiales** que determina el artículo 60 bis.5 del RIRPF:

- El importe de la deducción no se prorrateará entre ellos, sino que se aplicará íntegramente por el contribuyente en cuyo favor se hubiera cedido la deducción.

- Se computarán los meses en los que cualquiera de los contribuyentes que tuvieran derecho a la deducción cumpla los requisitos exigidos.

- Se tendrán en cuenta de forma conjunta las cotizaciones y cuotas totales a la Seguridad Social y mutualidades correspondientes a todos los contribuyentes que tuvieran derecho a la deducción. No obstante, lo dispuesto en este punto no resultará de aplicación cuando se hubiera cedido el derecho a la deducción a aquellos contribuyentes que perciban las prestaciones antes apuntadas.

- Los importes que, en su caso, se hubieran percibido anticipadamente, se considerarán obtenidos por el contribuyente en cuyo favor se hubiera cedido la deducción.

Si se hubiera optado por la percepción anticipada de la deducción presentando una solicitud colectiva, se entenderá cedido el derecho a la deducción en favor del primer solicitante; en los restantes casos, se entenderá cedido en favor del contribuyente que aplique la deducción en su declaración, debiendo constar esta circunstancia en la declaración de todos los que tuvieran derecho a ella, salvo que el cedente sea un no obligado a declarar (entonces, tal cesión se efectuará mediante la presentación del modelo en el lugar, forma y plazo que se determine por orden ministerial).

Se entenderá que **no existe transmisión lucrativa** a efectos fiscales por esta cesión.

RESOLUCIÓN ADMINISTRATIVA

Consulta vinculante de la Dirección General de Tributos (V1059-23), de 27 de abril de 2023

Asunto: aplicación de la deducción por descendiente con discapacidad cuando el contribuyente fallece a lo largo del período impositivo en cuestión.

«De acuerdo con el apartado 2 del artículo 81.bis de la LIRPF, dicha deducción se calculará de forma proporcional al número de meses (100 euros cada mes) – sin tener en cuenta los límites establecidos en dicho apartado, dado que percibe una pensión de jubilación del régimen general de la Seguridad Social–, en que se cumplan de forma simultánea los requisitos previstos en el apartado 1 de dicho precepto, y siempre que el contribuyente tenga un descendiente con derecho a la aplicación del mínimo por descendientes previsto en el artículo 58 de la LIRPF), teniendo en cuenta que la situación de discapacidad del descendiente en cuestión se realizará de acuerdo con la situación de dicho descendiente el último día de cada mes, tal como establece la regla 1ª del apartado 2 del artículo 60 bis del RIRPF.

(...)

En este caso el padre del consultante ha fallecido el 16 de junio de 2022. Teniendo en cuenta lo establecido en la regla 1ª del apartado 2 del artículo 60 bis del RIRPF, y dado que a fecha 30 de junio de ese año éste ya no tenía ningún descendiente con discapacidad a su cargo dado su propio fallecimiento el día 16 de dicho mes, en consecuencia, el padre no podrá aplicar la deducción regulada en la letra a) del apartado 1 del artículo 81 bis de la Ley del Impuesto correspondiente al mes de junio de 2022 ni a los meses posteriores. Por el contrario, sí que tendrá derecho a dicha deducción por cada hijo en cada uno de los meses transcurridos desde enero a mayo de dicho año (100 euros cada mes por cada uno de los dos hijos –enero, febrero, marzo, abril, y mayo–, sin tener en cuenta los límites establecidos legalmente, dado que percibe una pensión de jubilación del régimen general de la Seguridad Social, de acuerdo con lo establecido en el último párrafo del apartado 1 del artículo 60 bis del RIRPF).

En caso de que el otro progenitor también tuviera derecho a dicha deducción, por cumplir con todos los requisitos legales establecidos en el artículo 81 bis de la LIRPF (que realice una actividad por cuenta propia o ajena, o bien que perciba prestaciones contributivas y asistenciales del sistema de protección del desempleo y pensiones abonadas por la Seguridad Social, Clases Pasivas o Mutualidades alternativas), cada progenitor se aplicará la deducción por descendiente con discapacidad a cargo, al 50 % cada uno, y con los límites señalados en dicho precepto en su caso, sin perjuicio de la posibilidad de cesión del derecho a su percepción a favor de cualquiera de ellos.

En caso de que el otro progenitor no tenga derecho a dicha deducción, por no cumplir con todos los requisitos legales establecidos en el artículo 81 bis de la LIRPF, el padre de la consultante se aplicará el 100 % de la deducción por discapacidad a cargo por cada uno de los hijos con discapacidad, sin tener en cuenta los límites señalados en dicho precepto».

b) El régimen transitorio de la deducción por obras e instalaciones para adecuar la vivienda habitual por razón de discapacidad (inversión en vivienda habitual)

La **Ley 16/2012, de 27 de diciembre, suprimió la deducción por inversión en vivienda habitual** antes regulada en el artículo 68.1 de la LIRPF, con efectos desde 1 de enero de 2013. Sin embargo, se mantiene su aplicación para determinadas situaciones previas a esa fecha, en los términos que establece la disposición transitoria decimoctava de la LIRPF, introducida por la misma norma.

La deducción por inversión en vivienda habitual que, para el cálculo de la cuota líquida, establecía el artículo 68.1 de la LIRPF en su redacción previa a 2013 tenía varias modalidades y una de ellas podía resultar particularmente interesante para las personas con discapacidad, al referirse a los supuestos de realización de obras e instalaciones de adecuación de la vivienda habitual por razón de discapacidad (numeral 4.º del antiguo precepto). Se trata de una modalidad que continúa en régimen transitorio, tal y como resulta de la disposición transitoria decimoctava de la LIRPF:

«1. Podrán aplicar la deducción por inversión en vivienda habitual en los términos previstos en el apartado 2 de esta disposición:

a) Los contribuyentes que hubieran adquirido su vivienda habitual con anterioridad a 1 de enero de 2013 o satisfecho cantidades con anterioridad a dicha fecha para la construcción de la misma.

b) Los contribuyentes que hubieran satisfecho cantidades con anterioridad a 1 de enero de 2013 por obras de rehabilitación o ampliación de la vivienda habitual, siempre que las citadas obras estén terminadas antes de 1 de enero de 2017.

c) Los contribuyentes que hubieran satisfecho cantidades para la realización de obras e instalaciones de adecuación de la vivienda habitual de las personas con discapacidad con anterioridad a 1 de enero de 2013 siempre y cuando las citadas obras o instalaciones estén concluidas antes de 1 de enero de 2017.

En todo caso, resultará necesario que el contribuyente hubiera practicado la deducción por inversión en vivienda habitual en relación con las cantidades satisfechas para la adquisición o construcción de dicha vivienda en un período impositivo devengado con anterioridad a 1 de enero de 2013, salvo que hubiera resultado de aplicación lo dispuesto en el artículo 68.1.2.ª de esta Ley en su redacción vigente a 31 de diciembre de 2012.

2. La deducción por inversión en vivienda habitual se aplicará conforme a lo dispuesto en los artículos 67.1, 68.1, 70.1, 77.1, y 78 de la Ley del Impuesto, en su redacción en vigor a 31 de diciembre de 2012, sin perjuicio de los porcentajes de deducción que conforme a lo dispuesto en la Ley 22/2009 hayan sido aprobados por la Comunidad Autónoma.

(...)».

En definitiva, y por lo que aquí interesa: podrán aplicar la deducción por inversión en vivienda habitual de acuerdo con la **normativa en vigor a 31 de diciembre de 2012**, sin perjuicio de los porcentajes de deducción que pudieran haber aprobado las comunidades autónomas, los contribuyentes que hubieran **satisfecho cantidades para la realización de obras e instalaciones de adecuación de la vivienda habitual de las personas con discapacidad con anterioridad a 1 de enero de 2013**, siempre y cuando esas **obras o instalaciones hubieran concluido antes de 1 de enero de 2017**.

Por lo tanto, para conocer en qué condiciones puede aplicarse aún hoy en día esta deducción habrá que atender a la normativa en vigor a 31 de diciembre de 2012.

Como punto de partida, el artículo 68.1.4.º de la LIRPF vigente en aquel momento permitía aplicar la deducción por inversión en vivienda habitual a aquellos contribuyentes que efectuasen obras e instalaciones de adecuación en la misma, incluidos los elementos comunes del edificio y los que sirvan de paso necesario entre la finca y la vía pública, con las siguientes especialidades:

- Las obras e instalaciones de adecuación debían ser certificadas por la Administración competente como necesarias para la accesibilidad y comunicación sensorial que facilitase el desenvolvimiento digno y adecuado de las personas con discapacidad, según lo establecido reglamentariamente. A cuyos efectos indicaba el artículo 57.2 de la LIRPF entonces vigente (ahora derogado), que «*la acreditación de la necesidad de las obras e instalaciones para la accesibilidad y comunicación sensorial que facilite el desenvolvimiento digno y adecuado de la persona con discapacidad, se efectuará ante la Administración tributaria mediante certificado o resolución expedido por el Instituto de Migraciones y Servicios Sociales o el órgano competente de las Comunidades Autónomas en materia de valoración de minusvalías, basándose en el dictamen emitido por los Equipos de Valoración y Orientación dependientes de la misma*».

- Daban derecho a deducción las obras e instalaciones de adecuación que debieran efectuarse en la vivienda habitual del contribuyente, por razón de la **discapacidad del propio contribuyente o de su cónyuge o un pariente, en línea directa o colateral, consanguínea o por afinidad, hasta el tercer grado inclusive, que conviviera** con él.

- La vivienda tenía que estar ocupada por cualquiera de las personas mencionadas en el punto anterior a título de propietario, arrendatario, subarrendatario o usufructuario.

- La base máxima de la deducción será de 12.080 euros anuales, siendo ese límite independiente del de 9.040 euros fijado con carácter general para la deducción por adquisición o rehabilitación de la vivienda habitual.

- El porcentaje de deducción será del 10 %.

- Se entendía como circunstancia que necesariamente exigía el cambio de vivienda que la anterior resultase inadecuada por razón de la discapacidad.

- En el caso de obras de modificación de los elementos comunes del edificio de paso necesario entre la finca urbana y la vía pública, así como las necesarias para la aplicación de dispositivos electrónicos para superar barreras de comunicación sensorial o de promoción de su seguridad, podían aplicar la deducción, además del contribuyente antes mencionado, los que fueran copropietarios del inmueble en el que se encontrase la vivienda.

A los efectos de esta deducción, el artículo 57 del RIRPF, en su redacción vigente a 31 de diciembre de 2012, consideraba por obras e instalaciones de adecuación de la vivienda habitual de las personas con discapacidad:

- Las que implicasen una reforma del interior de la vivienda.

- Las de modificación de los elementos comunes del edificio que sirvan de paso necesario entre la finca urbana y la vía pública, tales como escaleras, ascensores, pasillos, portales o cualquier otro elemento arquitectónico.

- Las necesarias para la aplicación de dispositivos electrónicos para superar barreras de comunicación sensorial o de promoción de su seguridad.

Por otra parte, el artículo 70.1 de la LIRPF, en su redacción vigente a 31 de diciembre de 2012, especificaba que «*la aplicación de la deducción por inversión en vivienda y de la deducción por cuenta ahorro-empresa requerirá que el importe comprobado del patrimonio del contribuyente al finalizar el período de la imposición exceda del valor que arrojase su comprobación al comienzo del mismo al menos en la cuantía de las inversiones realizadas, sin computar los intereses y demás gastos de financiación*».

A TENER EN CUENTA. El tramo autonómico de la deducción por inversión habitual que hasta 2013 regulaba el artículo 68.1 de la LIRPF sería el resultado de aplicar a la base de la deducción, de acuerdo con los requisitos y circunstancias previstas en el mismo, los porcentajes aprobados, en su caso, por la comunidad autónoma. Si la comunidad autónoma no hubiese aprobado esos porcentajes, serían de aplicación los establecidos por el artículo 78 de la LIRPF en su redacción vigente a 31 de diciembre de 2012; precepto que, para el caso de obras de adecuación de la vivienda habitual por personas con discapacidad, establecía un porcentaje del 10 %.

Los contribuyentes que por aplicación de lo establecido en la disposición transitoria decimoctava de la LIRPF ejerciten el derecho a la deducción estarán obligados, en todo caso, a **presentar declaración por el impuesto** y el importe de la deducción así calculada minorará el importe de la suma de la cuota íntegra estatal y autonómica a los efectos del artículo 69.2 de la LIRPF.

RESOLUCIÓN ADMINISTRATIVA

Consulta vinculante de la Dirección General de Tributos (V2028-20), de 19 de junio de 2020

Asunto: imposibilidad de aplicar el régimen transitorio de la deducción estatal en IRPF por inversión en vivienda habitual a obras de accesibilidad realizadas en 2020.

«La Ley 16/2012, de 27 de diciembre, con efectos desde 1 de enero de 2013, ha suprimido el apartado 1 del artículo 68 de la Ley del Impuesto sobre la Renta de las Personas Físicas, aprobada por la Ley 35/2006, de 28 de noviembre (BOE de 29 de

noviembre), en adelante LIRPF, que regulaba la deducción por inversión en vivienda habitual. Dicho apartado 1, en su punto 4º regulaba la deducción cuando fueran efectuadas determinadas obras e instalaciones de adecuación de la vivienda o del inmueble, entre estas las de accesibilidad.

La citada Ley 16/2012 ha añadido una disposición transitoria decimoctava en la LIRPF que regula un régimen transitorio que permite practicar dicha deducción a aquellos contribuyentes que cumplan determinados requisitos, sin que entre estos consten los relacionados con obras de adecuación o accesibilidad.

Conforme a ello, las obras que con tal finalidad pudiesen comenzar a partir de 1 de enero de 2013, así como la ejecución actual de cualquier obra de reforma de la vivienda habitual, en ningún caso podrán ser objeto de la referida deducción. En la actualidad, la LIRPF no contempla ningún tipo de deducción por obras que se realicen en los inmuebles.

Con independencia de ello, la normativa propia de cada Comunidad Autónoma pudiera establecer determinados beneficios fiscales en el sentido apuntado, no siendo competente este Centro directivo el entrar a valorarlas».

Deducciones autonómicas

Algunas de las deducciones autonómicas más destacadas que podrán aplicarse los contribuyentes del IRPF por razón de su propia discapacidad o de la de determinadas personas con las que estén unidos por ciertos vínculos, o bien por actuaciones o situaciones relacionadas con esa circunstancia, son las siguientes (nos limitamos a las CC. AA. de régimen común):

- **Andalucía** establece, por ejemplo, una deducción por cantidades invertidas en el alquiler de la vivienda habitual por personas jóvenes, mayores, con discapacidad y otros colectivos (artículo 10 de la Ley 5/2021, de 20 de octubre) y también ciertas deducciones por discapacidad y dependencia (en concreto, por discapacidad del contribuyente, de cónyuges o parejas de hecho y por asistencia a personas con discapacidad; artículos 16, 17 y 18 de la Ley 5/2021, de 20 de octubre). La discapacidad también puede ser determinante a la hora de aplicar las deducciones por familia monoparental o numerosa (artículos 13 y 14 de la Ley 5/2021, de 20 de octubre).

- En el caso de **Aragón**, los artículos 110-3 y 110-5 del Decreto Legislativo 1/2005, de 26 de septiembre, contemplan una deducción por el cuidado de personas dependientes y una deducción en atención al grado de discapacidad de alguno de los hijos. Asimismo, con efectos desde 1 de enero de 2024, ha incorporado una deducción de la cuota íntegra autonómica por gastos en formación para la autonomía y la vida independiente de menores con discapacidad (nuevo artículo 110-22 del Decreto Legislativo 1/2005, de 26 de septiembre).

- **Asturias** regula una deducción por adquisición o adecuación de vivienda habitual para contribuyentes con discapacidad o ciertos parientes convivientes con discapacidad y una deducción para familias monoparentales en la que también puede ser determinante la discapacidad de los hijos mayores de edad (artículos 4 y 12 del Decreto Legislativo 2/2014, de 22 de octubre).

- **Islas Baleares** prevé una deducción para los declarantes con discapacidad física, psíquica o sensorial o con descendientes con esta condición y por arrendamiento de vivienda habitual en dicho territorio (artículos 6 y 3 bis del Decreto Legislativo 1/2014, de 6 de junio). Asimismo, establece particularidades por razón de discapacidad en la deducción por gastos de adquisición de libros de texto y la deducción por gastos relativos a los descendientes o acogidos menores de seis años por motivos de conciliación (artículos 4 y 6 bis del Decreto Legislativo 1/2014, de 6 de junio).

- **Islas Canarias** regula una deducción por donaciones a descendientes o adoptados para adquisición o rehabilitación de primera vivienda habitual, por nacimiento o adopción de hijos con cierto grado de discapacidad, por contribuyentes con discapacidad, por obras de adecuación de la vivienda habitual por razón de discapacidad y por familiares dependientes con discapacidad (artículos 9, 10, 11, 14 ter, 16 quater y disposición adicional cuarta del Decreto Legislativo 1/2009, de 21 de abril). Igualmente, establece ciertas particularidades en atención a situaciones de discapacidad en la deducción para familias monoparentales, por familia numerosa y por gasto de enfermedad, en los artículos 11 ter, 13 y 16 ter del Decreto Legislativo 1/2009, de 21 de abril.

- En **Cantabria**, el artículo 2 del Decreto Legislativo 62/2008, de 19 de junio, establece una deducción por cuidado de familiares, por obras de mejora en viviendas (incluidas las obras de mejora de la accesibilidad), por donativos a fundaciones o al Fondo Cantabria Coopera o a asociaciones que persigan entre sus fines el apoyo a personas con discapacidad; así como particularidades o exoneración de requisitos en caso de discapacidad en las deducciones por arrendamiento de vivienda habitual, por gastos de enfermedad y para familiares monoparentales (apartados 1, 2, 3, 4, 7 y 9 del precepto).

- La normativa de **Castilla-La Mancha** contempla una deducción por discapacidad del contribuyente, por discapacidad de ascendientes o descendientes, por acogimiento no remunerado de mayores de 65 años o personas con discapacidad, por arrendamiento de vivienda habitual por personas con discapacidad o por cantidades donadas para la cooperación internacional al desarrollo y a las entidades para la lucha contra la pobreza, la exclusión social y la ayuda a personas con discapacidad; además, se establecen ciertas particularidades en caso de discapacidad en la deducción por familia numerosa y por familia monoparental (artículos 2, 3, 4, 5, 8, 9 quinquies y 10 de la Ley 8/2013, de 21 de noviembre).

- **Castilla y León** regula, por su parte, una deducción por nacimiento o adopción con discapacidad, una deducción por discapacidad y una deducción por obras e instalaciones de adecuación en la vivienda para la accesibilidad y comunicación sensorial por discapacidad; así como especialidades en la deducción por familia numerosa (artículos 3, 4, 6 y 7 del Decreto Legislativo 1/2013, de 12 de septiembre).

- Para **Cataluña**, los artículos 612-3 y 613-1 del Decreto Legislativo 1/2024, de 12 de marzo (que entró en vigor el 15 de marzo de 2024), prevén una deducción por alquiler de la vivienda habitual para ciertas personas con discapacidad y particularidades en el tramo autonómico de la deducción por inversión en la vivienda habitual por razón de discapacidad.

- En el caso de la **Comunidad Valenciana**, el artículo 4 de la Ley 13/1997, de 23 de diciembre, regula deducciones por nacimiento o adopción de hijos con discapacidad, para contribuyentes con discapacidad, por ascendientes mayores de 75 años y ascendientes mayores de 65 años con discapacidad, por contratación indefinida de empleados del hogar para el cuidado de personas, por cantidades destinadas a la adquisición de vivienda habitual por personas con discapacidad, por el incremento de los costes de la financiación ajena en la inversión en vivienda habitual (incluye los supuestos de adecuación por razón de discapacidad) y una deducción por obras de conservación o mejora de la calidad, sostenibilidad y accesibilidad en la vivienda habitual. Asimismo, también se prevé cierta particularidad en cuanto al importe y límite de la deducción por arrendamiento o pago por la cesión en uso de la vivienda habitual en caso de presentar determinada discapacidad y en la deducción por gastos asociados a la práctica del deporte y actividades saludables.

- **Extremadura** prevé una deducción autonómica por cuidado de familiares con discapacidad y una deducción por arrendamiento de vivienda habitual por ciertas personas con discapacidad en los artículos 5 y 9 del Decreto Legislativo 1/2018, de 10 de abril.

- **Galicia** establece una deducción por sujetos pasivos con discapacidad, de edad igual o superior a 65 años, que necesiten ayuda de terceras personas; y eleva los importes de algunas deducciones por razón de discapacidad, como en el caso de la deducción por nacimiento o adopción de hijos, la deducción para familias con hijos e hijas o por familia numerosa y la deducción por alquiler de vivienda habitual (apartados Dos, Tres, Seis y Siete del artículo 5 del Decreto Legislativo 1/2011, de 28 de julio).

- **La Rioja** regula una deducción en 2023 y 2024 para paliar la subida de los intereses de los préstamos hipotecarios destinados a la adquisición de vivienda habitual (a lo que se equipara la rehabilitación o adecuación de la vivienda por discapacidad) y el régimen transitorio de la deducción por obras de adecuación de la vivienda habitual para personas con discapacidad; así como especialidades en la deducción para fomentar el ejercicio físico y la práctica deportiva (artículo 32.17, disposición adicional segunda y disposición transitoria primera de la Ley 10/2017, de 27 de octubre).

- En **Madrid** se contempla deducciones por acogimiento no remunerado de mayores de 65 años y/o con discapacidad, por cuidado de ascendientes mayores de 65 años o con discapacidad, por el incremento de los costes de la financiación ajena para la inversión en vivienda habitual derivado del alza de los tipos de interés (incluye la adecuación de la vivienda para personas con discapacidad) y por cuidado de hijos menores de tres años, mayores dependientes y personas con discapacidad (artículos 7, 7 bis, 10 y 11 bis del Decreto Legislativo 1/2010, de 21 de octubre).

- **Murcia** reconoce una deducción autonómica para contribuyentes con discapacidad, una deducción por acogimiento no remunerado de mayores de 65 años y/o personas con discapacidad, una deducción autonómica por arrendamiento de vivienda habitual, una deducción para mujeres trabajadoras por hijo menor de edad o persona dependiente a su cargo; también tiene en cuenta la discapacidad a efectos de la deducción por familia monoparental (apartados Diez, Doce, Trece, Catorce y Dieciséis del artículo 1 del Decreto Legislativo 1/2010, de 5 de noviembre).

3.
BENEFICIOS FISCALES EN EL IVA

Beneficios fiscales en el IVA para personas con discapacidad

De conformidad con el artículo 1 de la Ley 37/1992, de 28 de diciembre (en adelante LIVA), el Impuesto sobre el Valor Añadido (IVA) es un tributo de **naturaleza indirecta** que recae sobre el consumo y grava, en la forma y condiciones previstas en esta Ley, las siguientes operaciones:

- Las entregas de bienes y prestaciones de servicios efectuadas por empresarios o profesionales.
- Las adquisiciones intracomunitarias de bienes.
- Las importaciones de bienes.

Las personas con discapacidad cuentan con una serie de beneficios fiscales en el IVA, que se concretan principalmente en materia de exenciones en el impuesto y en la aplicación de tipos reducidos.

3.1. Exenciones

|| **Exenciones en el IVA para personas con discapacidad**

a) Exención en el IVA por prestaciones de servicios de asistencia social. Artículo 20.Uno.8.º de la LIVA.

Se reconoce una exención por las prestaciones de servicios de asistencia social efectuadas por entidades de Derecho Público o entidades o establecimientos privados de carácter social, por la educación especial y asistencia a personas con discapacidad. La exención comprende la prestación de los servicios de alimentación, alojamiento o transporte accesorios de los anteriores prestados por dichos establecimientos o entidades, con medios propios o ajenos.

A estos efectos, según el artículo 20.Tres de la LIVA, se considerarán entidades o establecimientos de carácter social aquellos en los que concurran los siguientes requisitos:

- Carecer de finalidad lucrativa y dedicar, en su caso, los beneficios eventualmente obtenidos al desarrollo de actividades exentas de idéntica naturaleza.

- Los cargos de presidente, patrono o representante legal deberán ser gratuitos y carecer de interés en los resultados económicos de la explotación por sí mismos o a través de persona interpuesta.

Las entidades que cumplan estos requisitos podrán solicitar de la Administración tributaria su calificación como entidades o establecimientos privados de carácter social en las condiciones, términos y requisitos que se determinen reglamentariamente. La eficacia de dicha calificación, que será vinculante para la Administración, quedará subordinada, en todo caso, a la subsistencia de las condiciones y requisitos que fundamentan la exención. Ahora bien, las exenciones correspondientes a los servicios prestados por entidades o establecimientos de carácter social que reúnan los requisitos anteriores se aplicarán con independencia de la obtención de la calificación mencionada, siempre que se cumplan las condiciones aplicables en cada caso.

b) Exención en el IVA por adquisiciones intracomunitarias o importación de ciertos bienes en beneficio de personas con discapacidad. Artículos 26.Dos y 45 de la LIVA.

Por disposición del artículo 26. Dos de la LIVA se encuentran exentas del impuesto las adquisiciones intracomunitarias de bienes cuya importación hubiera estado, en todo caso, exenta del impuesto en virtud de lo dispuesto en el capítulo III del título II de la LIVA. Por remisión debemos acudir a lo dispuesto en el artículo 45 de esta norma, que establece la exención del IVA de las importaciones de bienes especialmente concebidos para la educación, el empleo o la promoción social de las personas con discapacidad, efectuadas por instituciones u organismos debidamente autorizados que tengan por actividad principal la educación o asistencia a estas personas, cuando se remitan gratuitamente y sin fines comerciales a las mencionadas instituciones u organismos.

La exención se extenderá a las importaciones de los repuestos, elementos o accesorios de los citados bienes y de las herramientas o instrumentos utilizados en su mantenimiento, control, calibrado o reparación, cuando se importen conjuntamente con los bienes o se identifique que correspondan a ellos.

Los bienes importados con exención podrán ser prestados, alquilados o cedidos, sin ánimo de lucro, por las entidades o establecimientos beneficiarios a las personas con discapacidad, sin pérdida del beneficio de la exención.

CUESTIÓN

Una asociación tiene por objeto fomentar el deporte de personas con discapacidad sin competiciones federadas, así como la inclusión real de las personas con diversidad física e intelectual y personas en riesgo de exclusión social, en los ámbitos deportivos, cultural, social y laboral. ¿Le resulta de aplicación la exención prevista del artículo 20.Uno.8.°c) de la LIVA, o la exención regulada en el artículo 20.Uno.13.°, en caso de obtener el reconocimiento de entidad social?

Conforme a la consulta vinculante de la Dirección General de Tributos V3234-23, de 13 de diciembre de 2023, en el caso de cumplir dichos requisitos, la entidad consultante, tal y como dispone el artículo 20.Tres de la Ley de IVA, va a poder solicitar su calificación como entidad o establecimiento privado de carácter social de la Administración tributaria si lo estima oportuno, sin que tal calificación sea preceptiva a efectos de la aplicación de la exención cuando se cumplan los requisitos señalados.

En consecuencia, si se trata de servicios prestados por la consultante destinados a la inclusión real de las personas con diversidad física e intelectual y personas en riesgo de exclusión social, en los ámbitos cultural, social y laboral, podría aplicarse la exención prevista en el artículo 20.Uno.8°.c) de la LIVA si la consultante es una entidad de carácter social y, por tanto, se encontrarían sujetos pero exentos del IVA.

Por otro lado, conforme a la doctrina de la DGT, la exención prevista en el artículo 20.Uno.13.° de la LIVA a los servicios prestados a personas físicas que practiquen el deporte o la educación física, requiere la concurrencia de los siguientes requisitos:

- Que las operaciones, de acuerdo con la normativa del IVA, tengan la consideración de prestaciones de servicios, no resultando de aplicación, por lo tanto, a las operaciones que deban calificarse como entrega de bienes.

- Que tales prestaciones de servicios estén directamente relacionadas con la práctica del deporte o la educación física por una persona física.

- El requisito de que los destinatarios de los servicios prestados sean personas físicas que practiquen el deporte o la educación física se entiende cumplido aunque el prestador de los servicios facture el importe de los mismos con cargo a otras personas o entidades distintas de las personas físicas que practiquen el deporte o la educación física (por ejemplo, un club deportivo, un ayuntamiento, etc.), siempre que estas últimas sean destinatarias materiales y efectivas de los servicios prestados.

- Que dichos servicios sean prestados por las personas o entidades referidas en los apartados a) a e) del artículo 20.Uno.13.° de la LIVA.

En cuanto a este último requisito, el artículo 20.Tres de la LIVA señala los requisitos para que una entidad sea considerada de carácter social.

3.2. Tipos reducidos

Tipos reducidos en el IVA que se pueden aplicar las personas con discapacidad

Las personas con discapacidad podrán beneficiarse de la aplicación de tipos reducidos en el IVA, ya sean del 10 % o del 4 %, en diversas operaciones o prestaciones de servicios:

- **Tipo reducido del 4 %** (artículo 91.Dos de la LIVA)

  - **Servicios de asistencia, centros y residencias:**

    Se les aplicará el tipo del 4 % por los servicios de teleasistencia, servicios de ayuda a domicilio (atención de las necesidades del hogar, cuidados personales), servicios de centros de día y de noche (centros de día para mayores, para menores de 65 años, de atención especializada, centros de noche), servicios de atención residencial (residencia de personas mayores en situación de dependencia, centros de atención a personas en situación de dependencia, en razón de los distintos tipos de discapacidad).

    Estos servicios tributarán a ese tipo superreducido de IVA siempre que se presten en plazas concertadas en centros o residencias o mediante precios derivados de un concurso administrativo adjudicado a las empresas prestadoras, o como consecuencia de una prestación económica vinculada a tales servicios que cubra más del 10 % de su precio, en aplicación, en ambos casos, de lo dispuesto en la LIVA.

  - **Compra de vehículos para personas con discapacidad o adaptación o reparación de estos:**

    Se les aplicará el 4 % de IVA a las entregas, adquisiciones intracomunitarias o importaciones de los **vehículos para personas con movilidad reducida** referidos la Ley sobre Tráfico, Circulación de Vehículos a Motor y Seguridad Vial, **así como las sillas de ruedas para uso exclusivo de personas con discapacidad.**

    También se aplicará a los vehículos **destinados a ser utilizados como autotaxis o autoturismos especiales para el transporte de personas con discapacidad en silla de ruedas**, bien directamente o previa su adaptación, así como los vehículos a motor que, previa adaptación o no, deban **transportar habitualmente a personas con discapacidad en silla de ruedas o con movilidad reducida,** con independencia de quien sea el conductor de los mismos.

    Siendo necesario en el caso de los vehículos para el transporte habitual de personas con movilidad reducida o para el transporte de personas con discapacidad en silla de ruedas que concurran los siguientes requisitos (art. 26 bis del RIVA):

    » Que hayan transcurrido al menos 4 años desde la matriculación de otro vehículo en análogas condiciones. No obstante, este requisito no se exigirá en supuestos de siniestro total de los vehículos, certificado por la entidad aseguradora o cuando se justifique la baja definitiva de los vehículos.

» Que no sean objeto de una transmisión posterior por actos *inter vivos* durante el plazo de los cuatro años siguientes a la fecha de su adquisición.

» Que se obtenga previamente la certificación de discapacidad del IMSERSO o entidad gestora correspondiente a la comunidad autónoma que tenga transferida su gestión.

La aplicación del tipo impositivo reducido a los vehículos del segundo párrafo requerirá el previo reconocimiento del derecho por la Agencia Estatal de Administración Tributaria, iniciándose mediante solicitud suscrita tanto por el adquirente como por la persona con discapacidad. Se deberá acreditar que el destino del vehículo es el transporte habitual de personas con discapacidad en silla de ruedas o con movilidad reducida. Entre otros medios de prueba serán admisibles los siguientes:

a) La titularidad del vehículo a nombre de la persona con discapacidad.

b) Que el adquirente sea cónyuge de la persona con discapacidad o tenga una relación de parentesco en línea directa o colateral hasta del tercer grado inclusive.

c) Que el adquirente esté inscrito como pareja de hecho de la persona con discapacidad en el registro de parejas o uniones de hecho de la comunidad autónoma de residencia.

d) Que el adquirente tenga la condición de tutor, representante legal o guardador de hecho de la persona con discapacidad.

e) Que el adquirente demuestre la convivencia con la persona con discapacidad mediante certificado de empadronamiento o por tener el domicilio fiscal en la misma vivienda.

f) En el supuesto de que el vehículo sea adquirido por una persona jurídica, que la misma esté desarrollando actividades de asistencia a personas con discapacidad o, en su caso, que cuente dentro de su plantilla con trabajadores con discapacidad contratados que vayan a utilizar habitualmente el vehículo.

La discapacidad o la movilidad reducida se deberán acreditar mediante certificado o resolución expedido por el Instituto de Mayores y Servicios Sociales (IMSERSO) u órgano competente de la comunidad autónoma correspondiente.

Se les aplicará también este tipo del 4 % a las **prestaciones de servicios de reparación** de los vehículos y de las sillas de ruedas comprendidos en el párrafo primero del número 4.º del apartado dos.1 de este artículo 91 de la LIVA y los servicios de adaptación de los autotaxis y autoturismos para personas con discapacidad y de los vehículos a motor a los que se refiere el párrafo segundo del mismo precepto, independientemente de quién sea el conductor de los mismos.

– **Productos sanitarios y de apoyo:**

Tributan al 4 % las entregas, adquisiciones intracomunitarias o importaciones de prótesis, ortesis e implantes internos para personas con discapacidad.

CUESTIONES

1. A los efectos de aplicar el tipo reducido previsto en el artículo 91.Dos.1.4.º de la LIVA, ¿a quiénes se considera personas con movilidad reducida?

La movilidad reducida se deberá acreditar mediante certificado o resolución expedido por el Instituto de Mayores y Servicios Sociales (IMSERSO) u órgano competente de la comunidad autónoma correspondiente.

Se considerarán personas con movilidad reducida (art. 26 bis del RIVA):

a) Las personas ciegas o con deficiencia visual y, en todo caso, las afiliadas a la Organización Nacional de Ciegos Españoles (ONCE) que acrediten su pertenencia a la misma mediante el correspondiente certificado.

b) Los titulares de la tarjeta de estacionamiento para personas con discapacidad emitidas por las corporaciones locales o, en su caso, por las comunidades autónomas, quienes, en todo caso, deberán contar con el certificado o resolución expedido por el Instituto de Mayores y Servicios Sociales (IMSERSO) u órgano competente de la comunidad autónoma correspondiente, acreditativo de la movilidad reducida.

Fuente: Consulta INFORMA n.º 133801

2. En caso de recambio de la batería de una silla eléctrica propiedad de una persona que tiene reconocida una discapacidad con movilidad reducida, ¿qué tipo impositivo del IVA se le aplicará?

En la consulta vinculante de la Dirección General de Tributos (V1027-12) de 10 de mayo de 2012, encontramos la respuesta. El tipo de IVA aplicable a la sustitución de la batería de la silla eléctrica sería el tipo general, el del 21 %, ya que el superreducido solo resulta aplicable a las prestaciones de servicios que se detallan en el art. 91.Dos.2.1.º de la LIVA , pero no a las entregas de bienes.

3. Una persona con discapacidad del 66 % y movilidad reducida hace menos de 4 años (2022) adquirió un vehículo en una operación a la que no se aplicó el tipo de reducido del 4 %, y quiere ahora, en 2024, adquirir un nuevo vehículo y aplicar ese tipo superreducido del IVA. ¿Podría adquirir el vehículo nuevo con aplicación del tipo impositivo reducido del 4 %?

La respuesta es sí. La adquisición de otro vehículo en los cuatro años anteriores no le impedirá aplicar el tipo impositivo del 4 % en la compra de un nuevo vehículo, siempre que en aquella adquisición no hubiera aplicado el beneficio fiscal del tipo reducido del artículo 91.Dos.1.4º de la LIVA, cumpla el resto de requisitos exigidos por la normativa y obtenga previo reconocimiento del derecho por la Agencia Estatal de la Administración Tributaria. [Consulta vinculante (V0025-24), de 13 de febrero de 2024].

---

4. En caso de que una persona herede un vehículo que había sido de propiedad de una persona con movilidad reducida y que se había aplicado el 4 % de IVA en su compra, y ahora, antes del transcurso de los 4 años desde su matriculación quiera venderlo, ¿conlleva que la persona que ha heredado ese vehículo pierda ese beneficio y tenga que devolverlo?

Esta duda ha sido resuelta por la Dirección General de Tributos que, en el año 2016 [consulta vinculante (V2204-16)] concluía que ese supuesto no determinaba la pérdida del beneficio fiscal disfrutado en su adquisición. Sin embargo, un año después la consulta vinculante (1322-17) viene a sustituir la citada del año 2016 y, por lo tanto, la anula. En esta nueva consulta viene a concluir lo contrario para un caso de iguales circunstancias, determinando que *«la transmisión de un vehículo por actos «inter vivos» antes del trascurso del plazo de 4 años desde la matriculación del mismo, previsto en el artículo 26 bis del Reglamento del impuesto que desarrolla el artículo 91.Dos.1.4° de la LIVA determina que se incumplan las condiciones para la aplicación del tipo reducido del 4 por ciento aun cuando la persona que transmite el vehículo lo ha adquirido, a su vez, «mortis causa» por el fallecimiento de su anterior titular como ocurre en el supuesto objeto de consulta.*

En consecuencia, la consultante debe reintegrar el importe del citado beneficio a la Hacienda Pública».

- **Tipo reducido del 10 %** (artículo 91.Uno de la LIVA)

  – **Productos sanitarios y de apoyo:**

  Se aplicará dicho tipo a las entregas, adquisiciones intracomunitarias o importaciones de los equipos médicos, aparatos y demás instrumental, relacionados en el apartado octavo del anexo de la LIVA que por sus características objetivas, estén diseñados para aliviar o tratar deficiencias, para uso personal y exclusivo de personas que tengan deficiencias físicas, mentales, intelectuales o sensoriales, sin perjuicio de lo previsto en el artículo 91.Dos.1 de la LIVA. Sin embargo, no se incluyen aquí otros accesorios, recambios y piezas de repuesto de dichos bienes.

  La relación de bienes sería la siguiente:

  » Las gafas, monturas para gafas graduadas, lentes de contacto graduadas y los productos necesarios para su uso, cuidado y mantenimiento.

  » Dispositivos de punción, dispositivos de lectura automática del nivel de glucosa, dispositivos de administración de insulina y demás aparatos para el autocontrol y tratamiento de la diabetes

  » Dispositivos para el autocontrol de los cuerpos cetónicos y de la coagulación sanguínea y otros dispositivos de autocontrol y tratamiento de enfermedades discapacitantes como los sistemas de infusión de morfina y medicamentos oncológicos.

  » Bolsas de recogida de orina, absorbentes de incontinencia y otros sistemas para incontinencia urinaria y fecal, incluidos los sistemas de irrigación.

» Prótesis, órtesis, ortoprótesis e implantes quirúrgicos, en particular los previstos en el Real Decreto 1030/2006, de 15 de septiembre, por el que se establece la cartera de servicios comunes del Sistema Nacional de Salud y el procedimiento para su actualización, incluyendo sus componentes y accesorios.

» Las cánulas de traqueotomía y laringectomía.

» Sillas terapéuticas y de ruedas, así como los cojines entiesaras y arneses para el uso de las mismas, muletas, andadores y grúas para movilizar personas con discapacidad.

» Aparatos y demás instrumental destinados a la reducción de lesiones o malformaciones internas, como suspensorios y prendas de compresión para varices.

» Dispositivos de tratamiento de diálisis domiciliaria y tratamiento respiratorios.

» Los equipos médicos, aparatos y demás instrumental, destinados a compensar un defecto o una incapacidad, que estén diseñados para uso personal y exclusivo de personas con deficiencia visual y auditiva.

» Los siguientes productos de apoyo que estén diseñados para uso personal y exclusivo de personas con deficiencia física, mental, intelectual o sensorial:

  » Productos de apoyo para vestirse y desvestirse: calzadores y sacabotas con mangos especiales para poder llegar al suelo, perchas, ganchos y varillas para sujetar la ropa en una posición fija.

  » Productos de apoyo para funciones de aseo: alzas, reposabrazos y respaldos para el inodoro.

  » Productos de apoyo para lavarse, bañarse y ducharse: cepillos y esponjas con mangos especiales, sillas para baño o ducha, tablas de bañera, taburetes, productos de apoyo para reducir la longitud o profundidad de la bañera, barras y asideros de apoyo.

  » Productos de apoyo para posibilitar el uso de las nuevas tecnologías de la información y comunicación, como ratones por movimientos cefálicos u oculares, teclados de alto contraste, pulsadores de parpadeo, software para posibilitar la escritura y el manejo del dispositivo a personas con discapacidad motórica severa a través de la voz.

  » Productos de apoyo y dispositivos que posibilitan a personas con discapacidad motórica agarrar, accionar, alcanzar objetos: pinzas largas de agarre y adaptadores de agarre.

  » Estimuladores funcionales.

- **Ascensores o plataformas elevadoras y rampas:**

  » La adquisición de plataformas elevadoras, ascensores para sillas de ruedas, adaptadores de sillas en escaleras, rampas portátiles y barras autoportantes para incorporarse por sí mismo.

» Las ejecuciones de obra para la instalación de elementos elevadores, incluidos los destinados a salvar barreras arquitectónicas para su uso, que formen parte de un proyecto global de rehabilitación de la edificación.

– Las prestaciones de servicios a que se refiere el **artículo 20.Uno.8.º de la LIVA** cuando no estén exentas de acuerdo con dicho precepto ni les resulte de aplicación el tipo impositivo establecido en el artículo 91.Dos.2.3.º de la LIVA (tipo del 4 %).

CUESTIÓN

¿A qué tipo impositivo tributarán los ascensores aptos únicamente para el uso de personas con discapacidad?

En la consulta del INFORMA n.º 136564 se establece que la aplicación del tipo reducido exclusivamente recae sobre los ascensores aptos para sillas de ruedas, mientras que tributan al tipo general del 21 % los ascensores aptos únicamente para el uso de personas con discapacidad. [Consulta vinculante (V1626-15), de 27 de mayo de 2015].

RESOLUCIONES ADMINISTRATIVAS
Consulta vinculante de la Dirección General de Tributos (V2879-23), de 25 de octubre de 2023

Asunto: tipo impositivo aplicable para una mercantil que comercializa elevadores de personas cuando los destinatarios son personas con movilidad reducida por diversas enfermedades crónicas o degenerativas.

«En relación con los productos que se contienen en el apartado octavo del Anexo de la Ley 37/1992, a los que resulta de aplicación el tipo reducido del 10 por ciento, cabe señalar que, de la redacción del precepto hay que concluir que se trata de una definición de carácter objetiva, de forma tal que la aplicación del tipo reducido está supeditada al cumplimiento de la condición principal que se establece en el artículo mencionado y es que se trate de productos que por sus características objetivas, están diseñados para aliviar o tratar deficiencias para uso personal y exclusivo de personas que tengan deficiencias físicas, mentales, intelectuales o sensoriales, con independencia de quien resulte ser el adquirente del mismo.

3.- En relación con la consulta planteada y respecto de las relaciones de productos que se contienen en el mencionado apartado octavo del Anexo, a las que resulta de aplicación el tipo reducido del 10 por ciento, cabe señalar que dicho tipo se aplica a:

"– Sillas terapéuticas y de ruedas, así como los cojines antiescaras y arneses para el uso de las mismas, muletas, andadores y grúas para movilizar personas con discapacidad.".

Según la Norma Española UNE-EN ISO 9999, elaborada por la Asociación Española de Normalización, los productos de apoyo son "cualquier producto (incluyendo dispositivos, equipo, instrumentos y software) fabricado especialmente o disponible en el mercado, utilizado por y para personas con discapacidad destinado a:

- facilitar la participación.

- proteger, apoyar, entrenar, medir o sustituir funciones/estructuras corporales y actividades, o

- prevenir deficiencias, limitaciones en la actividad o restricciones en la participación.".

En concreto, la citada Norma clasifica y define los productos de apoyo para la elevación de personas (12 36) como "equipo que permite transferir mediante elevación y reposicionar a una persona para permitirle una actividad.".

Asimismo, define las grúas móviles con asientos rígidos para transferencia de una persona en posición sentada (12 36 06) como "equipo para transferencia por elevación y desplazamiento de una persona en posición sentada; la unidad de soporte corporal consiste en un asiento rígido, un siento de forma de pala o similar.".

4.- De la documentación adjunta al escrito de consulta parece deducirse que el producto objeto de la presente consulta, y a falta de otros elementos de prueba, se ajustaría a esa definición.

*En estas circunstancias, **tributarán por el Impuesto sobre el Valor Añadido, al tipo impositivo del 10 por ciento, las entregas, adquisiciones intracomunitarias o importaciones de los elevadores objeto de consulta».***

Consulta vinculante de la Dirección General de Tributos (V2694-23), de 3 de octubre de 2023

Asunto: tipo impositivo correspondiente a persona con discapacidad del 47,5 % por una compra de gafas y lentillas graduadas en una óptica.

«Por otro lado, el artículo 91, apartado dos.1, número 5° de la citada Ley 37/1992, establece que se aplicará el tipo impositivo del 4 por ciento a las entregas, adquisiciones intracomunitarias e importaciones de prótesis, ortesis e implantes internos para personas con discapacidad.

(...)

*En consecuencia con lo anterior, este Centro directivo le informa que **tributarán al 4 por ciento las entregas de gafas graduadas objeto de consulta, en el supuesto de que su adquirente posea una discapacidad superior al 33 por ciento, acreditada con el certificado expedido por el Instituto de Mayores y Servicios Sociales (IMSERSO) o el órgano competente de la comunidad autónoma, y que ésta discapacidad sea referente al órgano visual.***

De conformidad con lo señalado anteriormente, y de la escueta información contenida en el escrito de consulta, no puede determinarse si la discapacidad reconocida que manifiesta el consultante viene referida, en su caso, al órgano visual.

*Por lo tanto, **si la discapacidad reconocida indicada por la consultante viniera referida al órgano visual y así quedara acreditado**, en los términos indicados anteriormente, **resultaría de aplicación el tipo impositivo del 4 por ciento a la entrega de gafas y lentillas graduadas objeto de consulta**. En caso contrario, dichas entregas tributarán por el Impuesto sobre el Valor Añadido al tipo impositivo del 10 por ciento».*

4.
INCENTIVOS EN EL IS POR LA CONTRATACIÓN DE PERSONAS CON DISCAPACIDAD

La deducción en IS por creación de empleo para trabajadores con discapacidad

El artículo 38 de la LIS establece la deducción por creación de empleo para trabajadores con discapacidad, permitiendo la deducción en la cuota íntegra de **9.000 euros** por cada persona/año de incremento del promedio de plantilla de trabajadores con discapacidad en un grado igual o superior al 33 % e inferior al 65 % o de **12.000 euros** por cada persona/año de incremento del promedio de plantilla de trabajadores con discapacidad en un grado igual o superior al 65 %, contratados por el contribuyente, experimentado durante el período impositivo, respecto a la plantilla media de trabajadores de la misma naturaleza del período inmediato anterior.

A TENER EN CUENTA. Los trabajadores contratados que den derecho a esta deducción no se computarán a efectos de la libertad de amortización con creación de empleo del artículo 102 de la LIS.

La consulta vinculante de la Dirección General de Tributos (V1044-19), de 13 de mayo de 2019, aclaró una serie de cuestiones que frecuentemente se plantean con respecto a esta deducción, en los términos que se analizan a continuación. Como punto de partida, el Centro Directivo indica que, dado que se trata de una deducción para fomentar el empleo y que la normativa del IS no define los conceptos de trabajadores y de plantilla, para resolver las cuestiones acude a la legislación laboral.

a) En caso de que un trabajador que cumpla con los requisitos para la aplicación de la deducción y haya sido incluido en el promedio de años anteriores pase a estar en excedencia, ¿debe seguir computando en dicho promedio durante el tiempo que dure la excedencia o debe entenderse que hay una baja y una nueva alta de cara a no computar en el promedio el tiempo que dura la misma?

«(...) los trabajadores con discapacidad que como consecuencia de su situación de excedencia deban causar baja en el Régimen correspondiente de la Seguridad Social, no formarán parte del cómputo de la plantilla media a los efectos de lo dispuesto en el artículo 38 de la LIS, salvo que se trate de una situación de excedencia que se asimile a la de alta. En sentido contrario, los trabajadores con discapacidad que como consecuencia de su reingreso deban causar el alta correspondiente, pasarán a computarse a los efectos del cálculo del promedio de plantilla».

b) ¿Cómo deben computarse a los efectos del cálculo del promedio de plantilla los trabajadores contratados a jornada parcial?

«Para el cálculo del promedio de plantilla es indiferente la modalidad del contrato que regule la relación laboral del trabajador con la empresa. En consecuencia, se tendrán en cuenta tanto los trabajadores contratados a jornada completa como a tiempo parcial, siempre que se trate de personas empleadas en los términos previstos por la legislación laboral, teniendo en cuenta la jornada contratada en relación con la jornada completa».

c) En caso de que un trabajador con discapacidad incluido en el promedio de una empresa entrase en otra por subrogación de plantilla en el marco de una sucesión empresarial (en los términos del artículo 44 del ET), ¿se trataría de una variación del promedio de ambas empresas o no debería computar ni la baja de la empresa origen ni el alta en la empresa destino?

«(...) los trabajadores discapacitados que entren a formar parte de la nueva empresa como consecuencia de la sucesión de empresa en los términos previstos en la legislación laboral, podrán computarse a los efectos de calcular el incremento del promedio de plantilla de trabajadores con discapacidad de la nueva empresa, dejando de computarse en la empresa transmitente».

d) Si un empleado deviniera con discapacidad de manera sobrevenida, ¿computaría dentro del promedio de trabajadores con discapacidad para la aplicación de la deducción?

«(...) en la medida en que el citado trabajador está contratado por la empresa y tiene una discapacidad, cumpliría los dos requisitos exigidos para pasar a computar dentro del promedio de plantilla a los efectos de la deducción del artículo 38 de la LIS».

e) Si el grado de discapacidad de un trabajador que cumple los requisitos para entrar en el promedio de plantilla de trabajadores con discapacidad a los efectos de la deducción sufriera una modificación, o bien quedando por debajo del 33 % o pasando de estar entre el 33 % y el 64 % a alcanzar el 65 % o un grado de discapacidad superior, ¿cómo afectaría esta circunstancia al cálculo de la deducción?

«En la medida en que el grado de discapacidad es uno de los requisitos determinantes para la aplicación de la deducción del artículo 38 de la LIS, los cambios en el mismo afectarán al cálculo del promedio de la plantilla de trabajadores discapacitados.

Así pues, en el caso de que el grado de discapacidad de un trabajador quede por debajo del 33 %, este dejará de computarse a los efectos del cálculo del citado promedio. En el supuesto de que un trabajador pasara de un grado de discapacidad comprendido entre el 33 % y el 64 % a un grado del 65% o superior, dicho trabajador se computará dentro de la plantilla media prevista en el apartado 1 y de la prevista en el apartado 2 en proporción al tiempo que haya tenido un grado de discapacidad entre el 33 % y el 64 % e igual o superior al 65 %, respectivamente».

RESOLUCIONES ADMINISTRATIVAS

Consulta vinculante de la Dirección General de Tributos (V1737-22), de 20 de julio de 2022

Asunto: ¿la deducción del artículo 38 de la LIS puede aplicarse si no se incluyó en la autoliquidación del impuesto correspondiente al ejercicio en el que se generó?

«(...) la deducción por creación de empleo para trabajadores con discapacidad a que pudiera tener derecho la entidad consultante de conformidad con lo previsto en el artículo 38 de la Ley 27/2014, de 27 de noviembre, del Impuesto sobre Sociedades (en adelante, LIS), generada en el periodo impositivo 2018, no fue objeto de declaración en el periodo impositivo correspondiente a su generación.

(...)

El criterio de este Centro Directivo, manifestado en la contestación a la consulta V1510-22, de 24 de junio de 2022, es que la deducción por creación de empleo para trabajadores con discapacidad solo podrá aplicarse si su importe ha sido objeto de consignación en la autoliquidación del Impuesto sobre Sociedades correspondiente al período impositivo en el que se generó, debiendo la consultante, en caso contrario, instar la rectificación de dicha autoliquidación en el plazo legalmente previsto en la LGT y su normativa de desarrollo para su consignación.

Por tanto, en la medida en que no haya transcurrido el plazo de prescripción previsto en el artículo 66 de la LGT, la entidad consultante deberá instar la rectificación de la autoliquidación del Impuesto sobre Sociedades correspondiente al periodo impositivo 2018, a los efectos de aplicar la deducción por creación de empleo para trabajadores con discapacidad establecida en el artículo 38.1 de la LIS».

Consulta vinculante de la Dirección General de Tributos (V3223-21), de 28 de diciembre de 2021

Asunto: aplicación de la deducción del artículo 38 de la LIS.

«La entidad consultante ha incrementado durante el periodo impositivo, que coincide con su año natural, su promedio de plantilla de trabajadores con discapacidad en grado igual o superior al 33 % e inferior al 65 % respecto a la plantilla media de trabajadores de la misma naturaleza del periodo inmediatamente anterior.

Sin embargo, no se ha producido un incremento ni en su promedio de plantilla de trabajadores con discapacidad en grado superior al 65 % respecto a la plantilla media de trabajadores de la misma naturaleza del periodo inmediatamente anterior, ni de trabajadores en el total de la plantilla con minusvalía de la empresa.

Cuestión planteada

Si es posible aplicar la deducción por creación de empleo para trabajadores con discapacidad del artículo 38 de la Ley 27/2014, de 27 de diciembre, del Impuesto sobre Sociedades de forma exclusiva para los trabajadores de la naturaleza de los que se ha producido el incremento de plantilla (trabajadores con discapacidad superior al 33 % e inferior al 65 %), a pesar de no haber incrementado la plantilla de los trabajadores con discapacidad en grado superior al 65 % respecto a la plantilla media de trabajadores de la misma naturaleza del periodo inmediatamente anterior, ni de trabajadores en el total de la plantilla con minusvalía de la empresa, interpretando de forma independiente cada uno de los párrafos (puntos 1° y 2°) del artículo 38 de la LIS.

*(...) la LIS establece **dos cantidades diferentes a deducir atendiendo al grado de discapacidad de los trabajadores**, es decir, en función del incremento del promedio de plantilla de trabajadores con discapacidad en un determinado grado experimentado durante el periodo impositivo, respecto a la plantilla media de trabajadores de la misma naturaleza del periodo inmediato anterior.*

En el caso concreto planteado, la entidad consultante podría aplicar en la declaración del Impuesto sobre Sociedades correspondiente al periodo impositivo a que se refieren los hechos descritos en la consulta, la deducción por creación de empleo para trabajadores con discapacidad prevista en el apartado 1 del artículo 38 de la LIS siempre que, en dicho periodo impositivo, se haya incrementado el promedio de la plantilla de trabajadores con discapacidad en un grado igual o superior al 33 por ciento e inferior al 65 por ciento, respecto a la plantilla media de trabajadores de la misma naturaleza del ejercicio anterior».

5.
OTROS BENEFICIOS FISCALES

Otros beneficios fiscales destacados para las personas con discapacidad

A continuación, vamos a desarrollar algunos de los principales beneficios fiscales disponibles en nuestra legislación para personas con discapacidad, referidos a varios impuestos. Fundamentalmente:

- Vehículos: Impuesto de Matriculación e Impuesto de Circulación.
- Impuesto sobre Sucesiones y Donaciones.
- Impuesto sobre Transmisiones Patrimoniales y Actos Jurídicos Documentados.
- Impuesto sobre el Patrimonio e Impuesto a las Grandes Fortunas (ITS-GF).
- Tributos locales.

Nos centraremos en los beneficios fiscales que las personas con discapacidad tienen reconocidos a nivel estatal, haciendo mención al alcance y condiciones de la cesión, en su caso, a las comunidades autónomas, así como referencia sucinta a algunas de las ventajas que hayan desarrollado en cada impuesto.

El artículo 27 de la Ley 22/2009, de 18 de diciembre, señala que los tributos cuyo rendimiento se cede a las comunidades autónomas se rigen por los convenios o tratados internacionales, la Ley 58/2003, de 17 de diciembre, General Tributaria, la ley propia de cada tributo, los reglamentos generales dictados en desarrollo de la LGT y de las leyes propias de cada tributo, las demás disposiciones de carácter general, reglamentarias o interpretativas, dictadas por la Administración del Estado y, en los términos previstos en el título III de la Ley 22/2009, de 18 de diciembre, por las normas emanadas de la comunidad autónoma competente según el alcance y los puntos de conexión establecidos en el mismo.

5.1. Vehículos: Impuesto de Matriculación e Impuesto de Circulación

Impuesto de matriculación

El **Impuesto Especial sobre Determinados Medios de Transporte**, más conocido como impuesto de matriculación, se encuentra regulado en los artículos 65 a 74 de la Ley 38/1992, de 28 de diciembre, de Impuestos Especiales (LIE).

Se trata de un tributo cedido a las comunidades autónomas en virtud de lo señalado en el artículo 25 de la Ley 22/2009, de 18 de diciembre, por la que se regula el sistema de financiación de las comunidades autónomas de régimen común y ciudades con Estatuto de Autonomía y se modifican determinadas normas tributarias. En cuanto al alcance de las competencias normativas autonómicas en relación con esta figura, el artículo 51 de la Ley 22/2009, de 18 de diciembre, señala que las CC. AA. solo podrán incrementar los tipos de gravamen aplicables a los epígrafes del artículo 70.1 de la LIE, en un 15 % como máximo.

En este ámbito, son dos los beneficios básicos que se establecen para las personas con discapacidad:

- La no sujeción de los vehículos para personas con movilidad reducida.
- La exención de los medios de transporte matriculados a nombre de personas con discapacidad para su uso exclusivo, cuando concurran una serie de requisitos.

La modificación, antes de transcurridos cuatro años desde la realización del hecho imponible, de las circunstancias o requisitos determinantes de los supuestos de no sujeción o de exención previstos en la presente LIE, dará lugar a la autoliquidación e ingreso del impuesto especial con referencia al momento en que se produzca dicha modificación, salvo que tras la modificación resulte aplicable un supuesto de no sujeción o de exención. Para que la transmisión del medio de transporte que en su caso se produzca surta efectos ante el órgano competente en materia de matriculación, será necesario, según el caso, acreditar ante dicho órgano el pago del impuesto, o bien presentar ante el mismo la declaración de no sujeción o exención debidamente diligenciada por el órgano gestor, o el reconocimiento previo de la Administración tributaria para la aplicación del supuesto de no sujeción o de exención.

El período al que se refiere el párrafo anterior se reducirá a dos años cuando se trate de medios de transporte cuya primera matriculación definitiva hubiera estado exenta en virtud de lo dispuesto en las letras b) y c) del artículo 66.1 de la LIE. Por otra parte, la autoliquidación e ingreso antes mencionados no será exigible cuando la modificación de las circunstancias consista en el envío del medio de transporte fuera del territorio de aplicación del impuesto con carácter definitivo, lo que se acreditará mediante la certificación de la baja en el registro correspondiente expedida por el órgano competente en materia de matriculación. La expedición de un permiso de circulación o utilización por el órgano competente en materia de matriculación para un medio de transporte que se reintroduzca en el territorio de aplicación del impuesto tras haber sido enviado fuera del mismo con carácter definitivo y acogido a lo anterior o a lo previsto en el artículo 66.3 de la LIE, tendrá la consideración de primera matriculación definitiva a efectos de este impuesto.

|| No sujeción de vehículos para personas con movilidad reducida

El artículo 65 de la LIE determina el hecho imponible del impuesto, que vendrá dado, entre otros supuestos, por la **primera matriculación definitiva en España de vehículos, nuevos o usados, provistos de motor para su propulsión, excepto** la de aquellos que se recoge en la letra a) del primer apartado del precepto, entre los cuales se encuentran los **vehículos para personas con movilidad reducida** (numeral 6.º).

> **A TENER EN CUENTA.** De acuerdo con la definición recogida en el anexo II del Real Decreto 2822/1998, de 23 de diciembre, coincidente con la del anexo I del Real Decreto Legislativo 6/2015, de 30 de octubre, se entenderá por vehículo para personas con movilidad reducida aquel «vehículo cuya tara no sea superior a 350 kg, y que, por construcción, no puede alcanzar en llano una velocidad superior a 45 km/h, proyectado y construido especialmente (y no meramente adaptado) para el uso de personas con alguna disfunción o incapacidad física. En cuanto al resto de sus características técnicas se les equiparará a los ciclomotores de tres ruedas».

En dichos supuestos de no sujeción, será necesario presentar una declaración ante la Administración tributaria en el lugar, forma, plazo e impresos que se determine por orden ministerial, aunque se exceptúan de esta regla los vehículos homologados por la Administración tributaria.

|| Exención de los medios de transporte matriculados a nombre de || personas con discapacidad para su uso exclusivo

Estará exenta del impuesto la primera matriculación definitiva o, en su caso, la circulación o utilización en España, de una serie de medios de transporte que especifica el artículo 66 de la LIE, entre los que se encuentran los **vehículos automóviles matriculados a nombre de personas con discapacidad para su uso exclusivo,** siempre que concurran los siguientes requisitos [letra d) del primer apartado]:

- Que **hayan transcurrido al menos cuatro años desde la matriculación de otro vehículo en análogas condiciones.** No obstante, este requisito no se exigirá en supuestos de siniestro total de los vehículos, debidamente acreditado.

- Que **no sean objeto de una transmisión posterior por actos** inter vivos **durante el plazo de los cuatro años siguientes** a la fecha de su matriculación.

La aplicación de esta exención está condicionada a su **previo reconocimiento por la Administración tributaria** en los términos que establecen los artículos 135 y siguientes del Real Decreto 1165/1995, de 7 de julio, por el que se aprueba el Reglamento de los Impuestos Especiales (RIE). En particular, será necesaria la previa certificación de la discapacidad por el Instituto Nacional de Servicios Sociales o por las entidades gestoras competentes.

En particular el desarrollo reglamentario recoge las siguientes reglas básicas a este respecto:

- La matriculación definitiva del medio de transporte estará condicionada a la acreditación ante el órgano competente en materia de matriculación del referido reconocimiento previo de la Administración tributaria.

- Las personas o entidades a cuyo nombre se pretenda efectuar la primera matriculación definitiva del medio de transporte o a las que se refiere la disposición adicional primera de la LIE, presentarán, con anterioridad, ante la delegación o Administración de la AEAT correspondiente a su domicilio fiscal, un escrito, sujeto al modelo correspondiente, solicitando la aplicación de tales supuestos. En dicho escrito se hará constar, como mínimo, el nombre, número de identificación fiscal y domicilio fiscal del solicitante, la clase, marca y modelo del medio de transporte y el supuesto de no sujeción o de exención cuyo reconocimiento se solicita.

- Al escrito del punto anterior se acompañará copia de la ficha de inspección técnica del vehículo, o en el caso de embarcaciones o aeronaves, certificación de sus características técnicas, expedidas por el vendedor y, además, cuando se trate de vehículos automóviles que se matriculen a nombre de personas con discapacidad para su uso exclusivo, el certificado de discapacidad emitido por el Instituto Nacional de Servicios Sociales o por las entidades gestoras competentes. Por la propia Administración tributaria se verificará, como requisito para el reconocimiento de la exención, que han transcurrido al menos cuatro años desde la matriculación de otro vehículo en análogas condiciones a efectos de la aplicación del tipo normal del Impuesto sobre el Valor Añadido o del disfrute de la exención en el Impuesto Especial sobre Determinados Medios de Transporte.

Los órganos gestores podrán requerir la presentación de cualquier otra documentación que deba obrar en poder del solicitante en razón de la no sujeción o exención cuya aplicación solicita, así como efectuar comprobaciones de los vehículos para constatar la adecuación de los mismos a su destino o finalidad.

A TENER EN CUENTA. Cuando el hecho imponible sea la circulación o utilización de medios de transporte en España, la aplicación de la exención está condicionada a que la solicitud de su reconocimiento previo o la presentación de la correspondiente declaración se realice en los plazos establecidos del artículo 65.1.d) de la LIE.

CUESTIÓN

Una persona con discapacidad reconocida por el INSS va a adquirir un vehículo de «kilómetro 0» con menos de un año de antigüedad. ¿Tendrá que autoliquidar el IEDMT?

En caso de que la primera matriculación definitiva hubiera estado sujeta y no exenta al impuesto, y como consecuencia se autoliquidase e ingresase en la fecha de matriculación (fecha de devengo), las posteriores transmisiones del vehículo no provocan un nuevo devengo del IEDMT y no dan lugar a una nueva autoliquidación.

Por otro lado, en caso de que la primera matriculación hubiera estado sujeta y exenta o no sujeta, la persona con discapacidad que adquiere un vehículo con menos de un año desde la matriculación del mismo y en base al artículo 65.3 de la LIE, la transmisión de vehículos en un plazo inferior de cuatro años, como regla general, desde la primera matriculación cuya primera matriculación hubiese estado no sujeta o exenta, producirá una modificación de las condiciones y requisitos determinantes del supuesto de no sujeción, salvo que tras la modificación resulte aplicable un supuesto de no sujeción o de exención de los previstos en la LIE. El devengo del impuesto se producirá en este momento siendo sujeto pasivo del impuesto la persona a cuyo nombre se encuentra matriculado el medio de transporte.

No obstante, en este caso y en base a la consulta vinculante de la DGT (V0018-23), de 10 de enero de 2023, el vehículo en cuestión sería transmitido a una persona con discapacidad, antes del plazo de cuatro años previsto en el transcrito artículo 65, apartado 3 de la LIE, por lo que, siempre que el adquirente cumpliera con todos y cada uno de los requisitos establecidos en el artículo 66 de la LIE, no va a resultar exigible la autoliquidación e ingreso del IEDMT, ya que tras la modificación resultaría aplicable un supuesto de exención. El reconocimiento de la exención deberá solicitarlo el nuevo adquirente (la persona con discapacidad beneficiaria de la exención).

Impuesto de circulación

El **Impuesto sobre Vehículos de Tracción Mecánica (IVTM)**, conocido comúnmente como impuesto de circulación, se encuentra regulado en los artículos 92 a 99 del Real Decreto Legislativo 2/2004, de 5 de marzo, por el que se aprueba el texto refundido de la Ley Reguladora de las Haciendas Locales (en adelante, LRHL). Es un tributo directo, que grava la titularidad de los vehículos de esta naturaleza, aptos para circular por vías públicas, cualquiera que sea su clase y categoría.

El artículo 92.2 de la LRHL señala como vehículo apto para la circulación el que hubiera sido matriculado en los registros públicos correspondientes y mientras no haya causado baja en estos. A los efectos de este impuesto, también se considerarán aptos los vehículos provistos de permisos temporales y matrícula turística

Son sujetos pasivos del impuesto las personas físicas o jurídicas y las entidades a que se refiere el artículo 35.4 de la LGT, a cuyo nombre conste el vehículo en el permiso de circulación.

El cuadro de cuotas está recogido en el artículo 95.1 de la LRHL, que puede ser modificado por la ley de presupuestos del Estado. Los ayuntamientos pueden incrementar las cuotas a través de un coeficiente, que no puede ser superior a 2. En el caso de que los ayuntamientos no hagan uso de esta facultad, el impuesto se remitirá a las cuotas del cuadro de tarifa señaladas en el artículo 95.1 de la LRHL.

La gestión, liquidación, inspección y recaudación, así como la revisión de los actos dictados en vía de gestión tributaria corresponde al ayuntamiento del domicilio que conste en el permiso de circulación del vehículo.

Exención en el impuesto de circulación para las personas con discapacidad

En cuanto a las **personas con discapacidad**, van a estar exentos del IVTM [art. 93.1.e) de la LRHL]:

- Los vehículos para personas de movilidad reducida a que se refiere el apartado A del anexo II del Reglamento General de Vehículos, aprobado por el Real Decreto 2822/1998, de 23 de diciembre.

- Los vehículos matriculados a nombre de personas con discapacidad para su uso exclusivo. Esta exención se aplicará en tanto se mantengan dichas circunstancias, tanto a los vehículos conducidos por personas con discapacidad como a los destinados a su transporte. El interesado debe aportar el certificado de discapacidad emitido por el órgano competente y justificar el destino del vehículo ante el ayuntamiento de la imposición, en los términos establecidos en la correspondiente ordenanza fiscal.

Las exenciones previstas en los dos apartados anteriores no resultan aplicables a los sujetos pasivos beneficiarios de ellas por más de un vehículo simultáneamente.

Respecto a las exenciones, los interesados tienen que instar su concesión indicando las características del vehículo, matricula y la causa del beneficio. Declarada la exención por la Administración municipal, se expedirá un documento que acredite la concesión

---

A TENER EN CUENTA. A efectos de esta exención se consideran personas con discapacidad quienes tengan esta condición legal en grado igual o superior al 33 %.

RESOLUCIÓN ADMINISTRATIVA

Consulta no vinculante de la Dirección General de Tributos (0012-22), de 1 de julio de 2022

Asunto: ¿una persona con discapacidad superior al 33 % desde 2015 tiene derecho a que reconozcan retroactividad de la exención del artículo 93.1.e) de la LRHL en los períodos 2021 y 2022?

«En cuanto a los efectos constitutivos o meramente declarativos de la resolución por la que se conceda la exención, hay que tener en cuenta lo dispuesto en el artículo 137 del Reglamento General de las actuaciones y los procedimientos de gestión e inspección tributaria y de desarrollo de las normas comunes de los procedimientos de aplicación de los tributos, aprobado por el Real Decreto 1065/2007, de 27 de julio, que regula los efectos del reconocimiento de los beneficios fiscales de carácter rogado, cuyo apartado 1 establece:

"1. El reconocimiento de los beneficios fiscales surtirá efectos desde el momento que establezca la normativa aplicable o, en su defecto, desde el momento de su concesión.

> El reconocimiento de beneficios fiscales será provisional cuando esté condicionado al cumplimiento de condiciones futuras o a la efectiva concurrencia de determinados requisitos no comprobados en el expediente. Su aplicación estará condicionada a la concurrencia en todo momento de las condiciones y requisitos previstos en la normativa aplicable.".
>
> De acuerdo con lo señalado en el artículo anteriormente transcrito, si la normativa aplicable no establece otra cosa, el reconocimiento del beneficio fiscal solicitado tendrá efectos desde la fecha en que se dicte el acto de concesión de dicha exención.
>
> Por lo tanto, en el caso objeto de la consulta, la exención resultará de aplicación desde la fecha en que se dicte la resolución por la que se conceda la misma y, surtirá efectos desde el devengo del impuesto siguiente a dicha fecha, salvo que en la ordenanza fiscal reguladora del impuesto del Ayuntamiento competente se reconozcan expresamente efectos retroactivos, estableciendo la posibilidad de aplicar la exención a períodos impositivos ya devengados con anterioridad».

5.2. Impuesto sobre Sucesiones y Donaciones

Beneficios en el ISD por ser persona con discapacidad

El artículo 1 de la Ley 29/1987, de 18 de diciembre (en adelante, LISD) establece que se trata de un tributo directo y subjetivo, que grava los incrementos patrimoniales obtenidos a título lucrativo por personas físicas. Por ello, se trata de un impuesto que tiene en cuenta las circunstancias personales del contribuyente y que concretamente, en algunas de sus medidas, favorece a aquellas personas que acrediten tener un grado de discapacidad.

Cabe destacar que se trata de un impuesto cedido a las comunidades autónomas, por lo que cada una de ellas establecerá su régimen específico en relación con determinados elementos del impuesto. Además, para calcular su base liquidable, el artículo 20 de la LISD establece que se obtendrá aplicando en la base imponible las reducciones que hayan sido aprobadas por las comunidades autónomas, practicándose primero las reducciones estatales y posteriormente las autonómicas.

CUESTIÓN

¿Qué competencias normativas pueden asumir las CC. AA. de régimen común en el ámbito del ISD?

Conforme al artículo 48 de la Ley 22/2009, de 18 de diciembre, pueden asumir competencias normativas sobre las siguientes cuestiones relativas al impuesto:

– Reducciones de la base imponible. Podrán crear las reducciones que estimen convenientes, siempre que respondan a circunstancias de carácter económico o social propias de la C. A. de que se trate, y también regular las establecidas en la normativa del Estado, manteniéndolas en condiciones análogas o mejorándolas mediante el aumento de su importe o del porcentaje de reducción, la ampliación de las personas que puedan acogerse a ellas o la disminución de los requisitos para poder aplicarlas. Cuando creen sus propias reducciones, estas se aplicarán con posterioridad a las establecidas por la normativa del Estado; y si mejorasen una reducción estatal, la reducción mejorada sustituirá, en esa comunidad autónoma, a la reducción estatal. A tales efectos, las CC. AA., al tiempo de regular las reducciones aplicables deberán especificar si la reducción es propia o consiste en una mejora de la del Estado.

- Tarifa del impuesto.

- Cuantía y coeficientes del patrimonio preexistente.

- Deducciones y bonificaciones de la cuota. Las deducciones y bonificaciones que aprueben las comunidades autónomas serán, en todo caso, compatibles con las establecidas en la normativa estatal del impuesto y no podrán suponer una modificación de las mismas. Se aplicarán con posterioridad a las reguladas por la normativa del Estado.

Reducciones estatales en el ISD para las personas con discapacidad

El artículo 20.2.a) de la LISD establece que en las **adquisiciones** mortis causa, **incluidas las de los beneficiarios de pólizas de seguros de vida,** si la comunidad autónoma no hubiese regulado reducciones o no resultase aplicable a los sujetos pasivos la normativa propia de la C. A., además de las reducciones que se puedan practicar en atención al grado de parentesco del causante, se podrán practicar las siguientes **por discapacidad del sujeto**:

- Una reducción de 47.858,59 euros a las personas sean consideradas personas con discapacidad, con un grado de discapacidad igual o superior al 33 % e inferior al 65 %, de acuerdo con el baremo establecido por la normativa de la Seguridad Social.

- La reducción será de 150.253,03 euros para aquellas personas que, con arreglo a la normativa antes mencionada, acrediten un grado de discapacidad igual o superior al 65 %.

Asimismo, también cabe hacer una mención sucinta de las reducciones que los apartados 6 y 7 del artículo 20 de la LISD establecen para las adquisiciones por donación o transmisión inter vivos equiparable, en caso de que la C. A. no hubiese regulado reducciones o no resultase aplicable la normativa propia de la C. A.. En ambos casos, uno de los requisitos de la reducción estaría, en cierto modo, relacionado con la discapacidad, al exigir una edad del donante superior a 65 años o una situación de incapacidad permanente en grado de absoluta o gran invalidez (una situación que, por ejemplo, cabe recordar que en el ámbito del IRPF se asimilaba a la discapacidad). En particular, las reducciones se configuran en los siguientes términos:

«6. En los casos de transmisión de participaciones «ínter vivos», en favor del cónyuge, descendientes o adoptados, de una empresa individual, un negocio profesional o de participaciones en entidades del donante a los que sea de aplicación la exención regulada en el apartado octavo del artículo 4 de la Ley 19/1991, de 6 de junio, del Impuesto sobre el Patrimonio, se aplicará una reducción en la base imponible para determinar la liquidable del 95 por 100 del valor de adquisición, siempre que concurran las condiciones siguientes:

a) Que el donante tuviese sesenta y cinco o más años o se encontrase en situación de incapacidad permanente, en grado de absoluta o gran invalidez.

b) Que, si el donante viniere ejerciendo funciones de dirección, dejara de ejercer y de percibir remuneraciones por el ejercicio de dichas funciones desde el momento de la transmisión.

A estos efectos, no se entenderá comprendida entre las funciones de dirección la mera pertenencia al Consejo de Administración de la sociedad.

c) En cuanto al donatario, deberá mantener lo adquirido y tener derecho a la exención en el Impuesto sobre el Patrimonio durante los diez años siguientes a la fecha de la escritura pública de donación, salvo que falleciera dentro de este plazo.

Asimismo, el donatario no podrá realizar actos de disposición y operaciones societarias que, directa o indirectamente, puedan dar lugar a una minoración sustancial del valor de la adquisición. Dicha obligación también resultará de aplicación en los casos de adquisiciones "mortis causa" a que se refiere la letra c) del apartado 2 de este artículo.

En el caso de no cumplirse los requisitos a que se refiere el presente apartado, deberá pagarse la parte del impuesto que se hubiere dejado de ingresar como consecuencia de la reducción practicada y los intereses de demora.

7. La misma reducción en la base imponible regulada en el apartado anterior y con las condiciones señaladas en sus letras a) y c) se aplicará, en caso de donación, a favor del cónyuge, descendientes o adoptados, de los bienes comprendidos en los apartados uno, dos y tres del artículo 4 de la Ley 19/1991, de 6 de junio, del Impuesto sobre el Patrimonio, en cuanto integrantes del Patrimonio Histórico Español o del Patrimonio Histórico o Cultural de las Comunidades Autónomas.

A los efectos de las adquisiciones gratuitas de los bienes integrantes del Patrimonio Histórico Español o del Patrimonio Histórico o Cultural de las Comunidades Autónomas, se considerará que el donatario no vulnera el deber de mantenimiento de lo adquirido cuando done, de forma pura, simple e irrevocable, los bienes adquiridos con reducción de la base imponible del impuesto al Estado o a las demás Administraciones públicas territoriales o institucionales.

El incumplimiento de los requisitos exigidos llevará consigo el pago del impuesto dejado de ingresar y los correspondientes intereses de demora».

Reducciones autonómicas en el ISD para las personas con discapacidad

A continuación, nos limitaremos a hacer referencia a las principales reducciones que las CC. AA. de régimen común establecen directamente para contribuyentes con discapacidad (a fin de no extendernos demasiado, prescindiremos de la referencia a las reducciones por transmisión lucrativa de empresa familiar, negocio profesional o participaciones en entidades, de bienes del patrimonio histórico u otras en las que alguno de los requisitos pueda referirse tangencialmente o de modo indirecto a situaciones de discapacidad):

En **Andalucía**, en el artículo 29 de la Ley 5/2021, de 20 de octubre, se mejora la reducción estatal de la base imponible por adquisiciones *mortis causa*, cuando el contribuyente tenga la consideración de persona con discapacidad. Por otro lado, los artículos 32 y 33 establecen reducciones propias por donación de dinero a descendientes para la adquisición de vivienda habitual y por donación de vivienda habitual a descendientes en caso de que tengan la consideración de persona con discapacidad.

En **Aragón**, el artículo 131-2 del Decreto Legislativo 1/2005, de 26 de septiembre, establece una reducción propia para las adquisiciones hereditarias que correspondan a personas con un grado de discapacidad igual o superior al 65 %. Por otro lado, el artículo 131-5 establece una reducción propia que el cónyuge, los ascendientes y descendientes del fallecido podrán aplicar, con límites superiores en caso de que sean personas con una discapacidad acreditada igual o superior al 33 %.

En el **Principado de Asturias**, el artículo 18 quáter y el 19 quárter del Decreto Legislativo 2/2014, de 22 de octubre, aumentan la base máxima de las reducciones en la base imponible por la adquisición *mortis causa* o *inter vivos* de bienes destinados a la constitución, ampliación o adquisición de una empresa o de un negocio profesional en caso de que se trate de una persona con discapacidad. Por su parte, el artículo 20 establece una reducción en las donaciones dinerarias de ascendientes a descendientes para la adquisición de la primera vivienda habitual que tenga la consideración de protegida en caso de que el adquirente sea una persona con un grado de discapacidad igual o superior al 65 %. Y, asimismo, el artículo 23 bonifica las adquisiciones por causa de muerte de contribuyentes con discapacidad con un grado igual o superior al 65 %.

En las **Islas Baleares**, el artículo 22 del Decreto Legislativo 1/2014, de 6 de junio, mejora la reducción por discapacidad en adquisiciones *mortis causa* para sujetos pasivos por obligación personal de contribuir que tengan la consideración legal de persona con discapacidad física, psíquica o sensorial. Por su parte, el artículo 48 mengua los requisitos para la reducción propia por adquisición de vivienda habitual en caso de que el donatario sea una persona con un grado de discapacidad acreditado. Además, los artículos 49 y 50 establecen reducciones propias en las donaciones que constituyan aportaciones a los patrimonios protegidos titularidad de personas con discapacidad y por la donación dineraria a descendientes para la adquisición de vivienda habitual, con alguna particularidad cuando el donatario sea una persona con un grado de discapacidad acreditado.

En las **Islas Canarias**, el artículo 20 bis del Decreto Legislativo 1/2009, de 21 de abril, mejora la reducción para adquisiciones por causa de muerte por personas con discapacidad. Además, el artículo 26 ter establece una reducción propia por la donación de cantidades en metálico con destino a la adquisición o rehabilitación de la vivienda habitual, con particularidades en caso de que el donatario acredite un grado de discapacidad. Y el artículo 26 quinquies establece, en las aportaciones realizadas al patrimonio protegido de las personas con discapacidad, una reducción propia del 95 % de las cantidades que excedan del importe máximo fijado por la ley para tener la consideración de rendimientos del trabajo personal para el contribuyente.

En **Cantabria**, el artículo 5.A).3 del Decreto Legislativo 62/2008, de 19 de junio, mejora la reducción por discapacidad y el artículo 5.B.3 establece una reducción propia de la base imponible para la cantidad aportada a un patrimonio protegido de persona con discapacidad que exceda del importe máximo fijado por la ley para tener la consideración de rendimientos del trabajo.

En **Castilla y León**, el artículo 12 del Decreto Legislativo 1/2013, de 12 de septiembre, mejora la reducción estatal por discapacidad en adquisiciones *mortis causa*. Por otro lado, el artículo 18 establece una reducción por las donaciones realizadas al patrimonio protegido de personas con discapacidad y el artículo 19 prevé una reducción por la donación para la adquisición de primera vivienda habitual cuando el donatario tenga acreditado un grado de discapacidad igual o superior al 65 %.

En **Castilla-La Mancha**, en el artículo 15 de la Ley 8/2013, de 21 de noviembre, se mejora la reducción por discapacidad estatal en adquisiciones *mortis causa*. Además, los artículos 17 y 17 bis bonifican la cuota tributaria en adquisiciones *mortis causa* e *inter vivos* por personas que tengan acreditado un grado de discapacidad igual o superior al 65 %; del mismo modo, estarán bonificadas las aportaciones al patrimonio protegido de las personas con discapacidad.

En **Cataluña**, el artículo 631-3 del Decreto Legislativo 1/2024, de 12 de marzo, mejora la reducción estatal por discapacidad en adquisiciones *mortis causa*. El artículo 632-11 aumenta el límite de la reducción por la donación de dinero para constituir o adquirir una empresa o un negocio profesional o para adquirir participaciones en entidades cuando los donatarios tengan un grado de discapacidad igual o superior al 33 %; y los artículos 632-20 y 632-21 también prevén particularidades para la reducción por la donación de una vivienda que debe constituir la primera vivienda habitual o por la donación de dinero destinado a la adquisición de dicha primera vivienda habitual en caso de donatarios que tengan acreditado un grado de discapacidad igual o superior del 65 %. El artículo 632-22 determina una reducción del importe de las aportaciones realizadas en el patrimonio protegido que exceda la cantidad determinada por la ley para tener la consideración de rendimientos del trabajo.

En la **Comunidad Valenciana**, el artículo 10 y el artículo 10 bis de la Ley 13/1997, de 23 de diciembre, regulan reducciones para personas con discapacidad en las transmisiones *mortis causa* e *inter vivos* atendiendo al grado de discapacidad acreditado. Además, el artículo 12 bis bonifica la cuota tributaria que corresponda a los bienes y derechos declarados por el sujeto pasivo por las adquisiciones realizadas por personas con determinada discapacidad.

En **Extremadura**, el artículo 18 del Decreto Legislativo 1/2018, de 10 de abril, mejora las reducciones por discapacidad para las adquisiciones por causa de muerte atendiendo al grado de discapacidad acreditado por el contribuyente. Por su parte, el artículo 24 eleva la base máxima de la reducción por donación de dinero a colaterales hasta el tercer grado para la constitución o ampliación de una empresa individual, negocio profesional o para adquirir participaciones en caso de que el donatario tenga la condición de persona con discapacidad. Y el artículo 30 eleva los límites de la bonificación de la cuota en las adquisiciones *inter vivos* para las personas con discapacidad.

En **Galicia**, el artículo 6 del Decreto Legislativo 1/2011, de 28 de julio, mejora la reducción estatal por discapacidad en las adquisiciones por causa de muerte en atención al grado de discapacidad acreditado. El artículo 7 fija alguna particularidad para las personas con discapacidad en la reducción propia por la adquisición *mortis causa* de bienes destinados a la creación o constitución de una empresa o negocio profesional; al igual que hace el artículo 8 del mismo cuerpo legal para la reducción por adquisición *inter vivos* de bienes destinados a la creación de una empresa o negocio profesional.

En **Madrid**, el artículo 21 del Decreto Legislativo 1/2010, de 21 de octubre, regula la reducción por discapacidad del contribuyente en las adquisiciones *mortis causa*.

En **Murcia**, el artículo 4 del Decreto Legislativo 1/2010, de 5 de noviembre, en caso de que el contribuyente sea una persona con un grado de discapacidad igual o superior al 33 %, eleva la base máxima de la reducción por donaciones dinerarias con destino a la constitución o adquisición de empresa individual o de negocio profesional y para la adquisición de acciones, participaciones y aportaciones a capital social en empresas de economía social.

En cambio, **La Rioja** no posee beneficios fiscales en el ISD para las personas con discapacidad.

5.3. Impuesto sobre Transmisiones Patrimoniales y Actos Jurídicos Documentados

¿Qué ventajas fiscales se reconocen en el ITPyAJD para las personas con discapacidad?

El Impuesto sobre Transmisiones Patrimoniales y Actos Jurídicos Documentados (ITPyAJD) es un tributo de naturaleza indirecta que grava las transmisiones patrimoniales onerosas, las operaciones societarias y los actos jurídicos documentados.

> **A TENER EN CUENTA.** En ningún caso, un mismo acto podrá ser liquidado por el concepto de transmisiones patrimoniales onerosas y por el de operaciones societarias.

Se encuentra regulado en el Real Decreto Legislativo 1/1993, de 24 de septiembre, por el que se aprueba el Texto refundido de la Ley del Impuesto sobre Transmisiones Patrimoniales y Actos Jurídicos Documentados (LITPyAJD), así como en el Real Decreto 828/1995, de 29 de mayo, por el que se aprueba el Reglamento del Impuesto sobre Transmisiones Patrimoniales y

Actos Jurídicos Documentados (RITPyAJD). Esta normativa estatal reconoce los siguientes **beneficios fiscales relacionados con personas con discapacidad**:

- Conforme al artículo 45.I.B).21 de la LITPyAJD, estarán exentas del impuesto las **aportaciones a los patrimonios protegidos de las personas con discapacidad** regulados en la Ley de protección patrimonial de las personas con discapacidad, de Modificación del Código Civil, de la Ley de Enjuiciamiento Civil y de la Normativa Tributaria con esta finalidad. Dicha norma es la Ley 41/2003, de 18 de noviembre; si bien su disposición adicional tercera de esa norma, introducida por la Ley 13/2023, de 24 de mayo, y con entrada en vigor el 26 de mayo de 2023, extiende los beneficios fiscales previstos a nivel estatal a los patrimonios protegidos de las personas con discapacidad constituidos con arreglo al derecho civil propio autonómico. Así, señala que todos los beneficios fiscales establecidos en la Ley 41/2003, de 18 de noviembre, o en cualquier otra norma tributaria estatal, relativos a los patrimonios protegidos de las personas con discapacidad constituidos con arreglo a la misma, serán aplicables, en los mismos términos y condiciones, a los formalizados de acuerdo con las respectivas leyes que regulen esta figura con la misma finalidad en las distintas comunidades autónomas con competencias constitucionales para regular su propio derecho civil, foral o especial, en esta materia.

- El artículo 88.I.A.c) del RITPyAJD señala que gozarán de exención subjetiva de este impuesto las **asociaciones declaradas de utilidad pública dedicadas a la protección, asistencia o integración social** de la infancia, de la juventud, de la tercera edad, de **personas con discapacidad,** marginadas, alcohólicas, toxicómanas o con enfermedades en fase terminal con los requisitos establecidos en el párrafo b) del citado artículo.

Beneficios fiscales para las personas con discapacidad en el ITPyAJD

El ITPyAJD es un tributo cedido a las comunidades autónomas en virtud de lo señalado en el artículo 25 de la Ley 22/2009, de 18 de diciembre.

Conforme al artículo 49 de esa misma norma, en este impuesto, las CC. AA. de régimen común podrán asumir competencias normativas sobre los tipos de gravamen (en relación con la modalidad «Transmisiones Patrimoniales Onerosas», podrán regular el tipo de gravamen en concesiones administrativas, transmisión de bienes muebles e inmuebles, constitución y cesión de derechos reales que recaigan sobre muebles e inmuebles —excepto los derechos reales de garantía—, arrendamiento de bienes muebles e inmuebles —los modelos de contrato para el arrendamiento de inmuebles podrán ser elaborados por la propia C. A.—; en relación con la modalidad «Actos Jurídicos Documentados», podrán regular el tipo de gravamen de los documentos notariales). Asimismo, podrán asumirlas sobre deducciones y bonificaciones de la cuota. Las deducciones y bonificaciones aprobadas por las comunidades autónomas solo podrán afectar a los actos y documentos sobre los que las CC. AA. pueden ejercer capacidad normativa en materia de tipos de gravamen con arreglo a lo antes señalado; en todo caso, resultarán compatibles con las establecidas en la normativa estatal, sin que puedan suponer una modificación de las mismas. Estas deducciones y bonificaciones autonómicas se aplicarán con posterioridad a las reguladas por la normativa del Estado.

Con respecto a los **beneficios fiscales autonómicos** relacionados con la discapacidad, cabe destacar, por ejemplo, los siguientes:

Andalucía. La Ley 5/2021, de 20 de octubre, contempla los siguientes beneficios fiscales con respecto al ITPyAJD:

- En la modalidad de TPO, y en base al artículo 43 de la Ley 5/2021, de 20 de octubre, se aplicará un tipo de gravamen reducido para promover la política social de vivienda del 3,5 % para el adquirente que tenga la consideración de persona con discapacidad y siempre que cumpla los requisitos señalados.

- En la modalidad de AJD, se prevé un tipo de gravamen reducido para promover la política social de vivienda del 0,1 % en el artículo 50 de la Ley 5/2021, de 20 de octubre, para el adquirente que tenga la consideración de persona con discapacidad y siempre que cumpla los requisitos señalados.

Aragón. El Decreto Legislativo 1/2005, de 26 de septiembre, del Gobierno de Aragón, contempla los siguientes beneficios fiscales con respecto al ITPyAJD:

- El artículo 121-4 del Decreto Legislativo 1/2005, de 26 de septiembre, contempla una bonificación del 12,5 % en la cuota íntegra en la adquisición de vivienda habitual por parte de personas con discapacidad igual o superior al 65 %, por el concepto de TPO, siempre que cumplan los requisitos señalados.

- Conforme al artículo 122-8 de Decreto Legislativo 1/2005, de 26 de septiembre, en el concepto AJD, en las primeras copias de escrituras otorgadas para formalizar la constitución de préstamos hipotecarios cuyo objeto sea la financiación de actuaciones de eliminación de barreras arquitectónicas y adaptación funcional de la vivienda habitual de personas con un grado de discapacidad reconocido igual o superior al 65 % aplicará un tipo reducido del 0,1 %.

- El artículo 122-10 del Decreto Legislativo 1/2005, de 26 de septiembre, en las transmisiones de inmuebles que constituyan la vivienda habitual del adquirente, podrá aplicarse, en el concepto AJD, una bonificación sobre la cuota tributaria íntegra del 30 % para las personas con discapacidad con un grado igual o superior al 65 %, siempre que se cumplan los requisitos señalados en el artículo.

Baleares. El Decreto Legislativo 1/2014, de 6 de junio, contempla los siguientes beneficios fiscales básicos en el ITPyAJD:

- El artículo 10 del Decreto Legislativo 1/2014, de 6 de junio, establece un tipo de gravamen del 2 % en operaciones inmobiliarias cuando el adquirente tenga derecho al mínimo por discapacidad de ascendientes o de descendientes en el IRPF en el último período finalizado, siempre que se cumplan los requisitos señalados en el artículo.

- El artículo 14 quater establece una bonificación del 100 % de la cuota tributaria en la adquisición de la primera vivienda habitual para personas con discapacidad igual o superior al 33 % en las transmisiones onerosas de inmuebles, siempre que concurran los requisitos señalados en el artículo.

Canarias. El Decreto-Legislativo 1/2009, de 21 de abril, contempla los siguientes beneficios fiscales:

- El artículo 33 del Decreto-Legislativo 1/2009, de 21 de abril, establece un tipo de gravamen reducido en la transmisión de un inmueble que vaya a constituir la vivienda habitual del contribuyente que tenga la consideración legal de persona con discapacidad física, psíquica o sensorial, del 1 %, siempre que se cumplan con los requisitos señalados en el artículo.

- Señala el artículo 37 del Decreto-Legislativo 1/2009, de 21 de abril, que se aplicará un tipo reducido del 0,4 % cuando se trate de primeras copias de escrituras notariales que documenten la adquisición de un inmueble que vaya a constituir la vivienda habitual y que concurran los mismos requisitos que para la aplicación del tipo reducido del artículo 33 indicado anteriormente.

Cantabria. El Decreto Legislativo 62/2008, de 19 de junio, reconoce los siguientes beneficios fiscales:

- Se aplicará el tipo reducido del 4 % en las transmisiones de viviendas y promesas u opciones de compra sobre las que vayan a constituir la vivienda habitual del sujeto pasivo cuando sea persona con discapacidad física, psíquica o sensorial que tenga la consideración legal de persona con discapacidad con un grado de disminución igual o superior al 33 % e inferior al 65 %, en los términos del artículo 9.3 del Decreto Legislativo 62/2008, de 19 de junio.

- Se aplica un tipo reducido del 5 % para las adquisiciones de vivienda que vayan a ser objeto de inmediata rehabilitación, debiendo cumplirse los requisitos señalados del artículo 9.4 del Decreto Legislativo 62/2008, de 19 de junio. En este sentido, se consideran obras de rehabilitación de viviendas las obras de supresión de barreras arquitectónicas y/o instalación de elementos elevadores, incluidos los destinados a salvar barreras arquitectónicas para su uso por personas con discapacidad.

- Se aplica un tipo reducido del 3 % en aquellas transmisiones de viviendas que vayan a constituir la vivienda habitual del sujeto pasivo, cuando este sea una persona con discapacidad física, psíquica o sensorial que tenga la condición legal de persona con discapacidad con un grado de disminución igual o superior al 65 % de acuerdo con el baremo a que se refiere el artículo 367 del Real Decreto Legislativo 8/2015, de 30 de octubre, por el que se aprueba el texto refundido de la Ley General de la Seguridad Social, y se cumplan los demás requisitos señalados en el artículo 9.6 del Decreto Legislativo 62/2008, de 19 de junio.

- El artículo 13 del Decreto Legislativo 62/2008, de 19 de junio, señala que en los documentos notariales en los que se protocolice la adquisición de viviendas o las promesas u opciones de compra sobre las mismas, que vayan a constituir la vivienda habitual del contribuyente, se aplicará el tipo reducido del 0,1 %, cuando el sujeto pasivo sea persona con discapacidad física, psíquica o sensorial que tenga la consideración legal de persona con discapacidad con un grado de disminución igual o superior al 33 % e inferior al 65 %.

- Se aplica el tipo reducido del 0,05 %, en la modalidad de AJD, en aquellas transmisiones de viviendas que vayan a constituir la vivienda habitual del sujeto pasivo, cuando este sea una persona con discapacidad física, psíquica o sensorial que tenga la consideración legal de persona con discapacidad con un grado de disminución igual o superior al 65 %.

Castilla-La Mancha. La Ley 8/2013, de 21 de noviembre, de Medidas Tributarias de Castilla-La Mancha, contempla los siguientes beneficios fiscales:

- El artículo 19 de la Ley 8/2013, de 21 de noviembre, para la modalidad de TPO, señala que se aplicará el tipo reducido del 5 % a las transmisiones de inmuebles que tengan por objeto la adquisición de la primera vivienda habitual del sujeto pasivo cuando el contribuyente tenga un grado de discapacidad acreditado igual o superior al 65 % y se cumplan los requisitos señalados en el artículo.

- En base al artículo 21 de la Ley 8/2013, de 21 de noviembre, en la modalidad de AJD, se aplicará el tipo reducido del 0,50 % a las primeras copias de escrituras y actas notariales que documenten las transmisiones de inmuebles que tengan por objeto la adquisición de la primera vivienda habitual del sujeto pasivo, cuando tenga acreditada una discapacidad igual o superior al 65 %, y se cumplan con los requisitos señalados.

Castilla y León. El Decreto Legislativo 1/2013, de 12 de septiembre, contempla los siguientes beneficios fiscales:

- En base al artículo 25 de la citada ley, en las transmisiones de inmuebles que vayan a constituir la vivienda habitual, se aplicará un tipo reducido del 4 % cuando el adquirente, o cualquiera de los miembros de su unidad familiar, tengan la consideración legal de persona con discapacidad en grado igual o superior al 65 %, siempre que concurran los requisitos oportunos.

- El artículo 26 del Decreto Legislativo 1/2013, de 12 de septiembre, para la modalidad de AJD, señala que, en las primeras copias de escrituras y actas notariales que documenten la adquisición de viviendas que vayan a constituir la vivienda habitual, se aplicará un tipo reducido del 0,50 % cuando el adquirente, o cualquiera de los miembros de su unidad familiar, tengan la consideración legal de persona con discapacidad en grado igual o superior al 65 %, siempre que concurran los requisitos oportunos.

Cataluña. El Decreto Legislativo 1/2024, de 12 de marzo, por el que se aprueba el libro sexto del Código tributario de Catalunya, que integra el texto refundido de los preceptos legales vigentes en Catalunya en materia de tributos cedidos, recoge los siguientes beneficios fiscales:

- La transmisión de un inmueble que deba constituir la vivienda habitual del contribuyente que tenga la consideración legal de persona con discapacidad física, psíquica o sensorial se grava al tipo del 5 % en virtud del artículo 641-4 del Decreto Legislativo 1/2024, de 12 de marzo. También se aplica este tipo cuando dicha circunstancia de discapacidad concurra en alguno de los miembros de la unidad familiar del contribuyente. Tendrán que cumplirse los requisitos señalados en el artículo.

Comunidad Valenciana. La Ley 13/1997, de 23 de diciembre, recoge los siguientes beneficios fiscales:

- El artículo 13.Cuatro recoge un tipo de gravamen de la modalidad de TPO del 4 %, cuando el valor del inmueble exceda de los 180.000 euros, en las adquisiciones de viviendas que vayan a constituir vivienda habitual de una persona con discapacidad física o sensorial, con un grado de discapacidad igual o superior al 65 %, o psíquica, con un grado de discapacidad igual o superior al 33 %, por la parte del bien que adquiera.

- El artículo 13.Cinco recoge un tipo de gravamen de la modalidad de TPO del 3 %, cuando el valor del inmueble no exceda de los 180.000 euros, en las adquisiciones de viviendas que vayan a constituir vivienda habitual de una persona con discapacidad física o sensorial, con un grado de discapacidad igual o superior al 65 %, o psíquica, con un grado de discapacidad igual o superior al 33 %, por la parte del bien que adquiera.

Extremadura. El Decreto Legislativo 1/2018, de 10 de abril, recoge los siguientes beneficios fiscales:

- El artículo 41 del Decreto Legislativo 1/2018, de 10 de abril, establece una bonificación del 20 % de la cuota para la adquisición de vivienda habitual a la que, conforme a los requisitos del artículo 40 del Decreto Legislativo 1/2018, de 10 de abril, le fuese aplicable el tipo del 7 %, en la modalidad de TPO, siempre que concurra alguna de las circunstancias señaladas en el artículo.

Galicia. El Decreto Legislativo 1/2011, de 28 de julio, recoge los siguientes beneficios fiscales:

- El artículo 14.Tres del Decreto Legislativo 1/2011, de 28 de julio, recoge que, en la modalidad de TPO, el tipo de gravamen aplicable a las transmisiones de inmuebles que vayan a constituir la vivienda habitual del contribuyente será del 3 % en caso de que tenga un grado de discapacidad igual o superior al 65 %, siempre que se cumplan los requisitos señalados. Los contribuyentes que tengan derecho a aplicar este tipo de gravamen reducido tendrán derecho a una deducción en la cuota del 100 % cuando la vivienda se encuentre en alguna de las parroquias que tengan la consideración de zonas poco pobladas o áreas rurales, de acuerdo con el artículo 16.Siete de la norma.

- El artículo 14.Nueve del Decreto Legislativo 1/2011, de 28 de julio, regula el tipo de gravamen aplicable a la adquisición de inmuebles que vayan a ser objeto de inmediata rehabilitación, que será del 6 %. En el caso de que se encuentren en alguna de las parroquias que tengan la consideración de zonas poco pobladas o áreas rurales a las que se refiere el apartado siete del artículo 16 de la mencionada ley, el tipo de gravamen aplicable será del 4 %. Tendrán que concurrir los requisitos señalados.

- El artículo 15.Tres del Decreto Legislativo 1/2011, de 28 de julio, contempla en la modalidad de AJD, cuota variable de los documentos notariales, que el tipo de gravamen aplicable en las primeras copias de escrituras que documenten la adquisición de la vivienda habitual del contribuyente o la constitución de préstamos o créditos hipotecarios destinados a su financiación será del 0,5 % para los adquirentes con un grado de discapacidad igual o superior al 65 %, siempre que se cumplan los requisitos señalados en el artículo. Los contribuyentes que tengan derecho a aplicar este tipo de gravamen reducido tendrán derecho a una deducción en la cuota del 100 % cuando la vivienda se encuentre en alguna de las parroquias que tengan la consideración de zonas poco pobladas o áreas rurales, de acuerdo con el artículo 17.Ocho de la norma.

Murcia. El Decreto Legislativo 1/2010, de 5 de noviembre, contempla los siguientes beneficios fiscales:

- El artículo 6.9 del Decreto Legislativo 1/2010, de 5 de noviembre, para la modalidad de TPO, señala que tributarán al tipo de gravamen del 3 % las transmisiones de bienes inmuebles que radiquen en la Región de Murcia por parte de sujetos pasivos con un grado de discapacidad igual o superior al 65 %, y se cumpla con los requisitos señalados en el artículo.

- El artículo 7.6 del Decreto Legislativo 1/2010, de 5 de noviembre, contempla que tributarán al tipo del 0,1 % los documentos notariales a los que se refiere el artículo 31.2 del Real Decreto Legislativo 1/1993, de 24 de septiembre, en el caso de primeras copias de escrituras públicas que documenten la adquisición de viviendas por sujetos pasivos con un grado de discapacidad igual o superior al 65 %, en cuanto al gravamen sobre AJD siempre que se cumplan los requisitos señalados en el artículo.

La Rioja. La Ley 10/2017, de 27 de octubre, establece los siguientes beneficios fiscales:

- El artículo 45 de la Ley 10/2017, de 27 de octubre, señala que se aplicará el tipo de gravamen del 5 % a las adquisiciones de viviendas que vayan a constituir la vivienda habitual de quienes tengan la consideración legal de personas con discapacidad, con un grado igual o superior al 33 %, y cumplan con los requisitos señalados en el artículo.

- El artículo 49 de la Ley 10/2017, de 27 de octubre, para la modalidad de AJD, establece un tipo impositivo reducido para los documentos notariales de adquisición de vivienda para destinarla a vivienda habitual por sujetos pasivos con discapacidad.

5.4. Impuesto sobre el Patrimonio e Impuesto a las Grandes Fortunas

Los beneficios fiscales para las personas con discapacidad en el IP

El Impuesto sobre el Patrimonio (IP) es un tributo directo de naturaleza personal, que grava el patrimonio neto de las personas físicas, es decir, el conjunto de bienes y derechos de contenido patrimonial de los que sea titular, con deducción de las cargas y gravámenes que disminuyan su valor, así como de las deudas y obligaciones personales de las que deba responder. Su hecho imponible viene dado por la titularidad del mencionado patrimonio neto en el momento del devengo del impuesto (a 31 de diciembre de cada año).

> **A TENER EN CUENTA.** Estarán obligados a presentar declaración y autoliquidar el IP los sujetos pasivos cuya cuota tributaria, determinada de acuerdo con las normas reguladoras del impuesto y una vez aplicadas las deducciones o bonificaciones que procedieren, resulte a ingresar, o cuando, no dándose esta circunstancia, el valor de sus bienes o derechos, determinado de acuerdo con las normas reguladoras del impuesto, resulte superior a 2.000.000 de euros (artículo 37 de la LIP).

A **nivel estatal**, la Ley 19/1991, de 6 de junio, del Impuesto sobre el Patrimonio (LIP), no recoge **ninguna medida específica o beneficio concreto para las personas con discapacidad**. Con todo, y a pesar de no referirse concretamente a ellas, es interesante mencionar que el artículo 4.Cinco de la LIRPF declara exentos los derechos de contenido económico contenidos en ciertos instrumentos:

- Los derechos consolidados de los partícipes y los derechos económicos de los beneficiarios en un plan de pensiones.

- Los derechos de contenido económico que correspondan:

  - A primas satisfechas a los planes de previsión asegurados definidos en el artículo 51.3 de la LIRPF.

  - A aportaciones realizadas por el sujeto pasivo a los planes de previsión social empresarial regulados en el artículo 51.4 de la LIRPF, incluyendo las contribuciones del tomador.

- A primas satisfechas a los seguros privados que cubran la dependencia definidos en el artículo 51.5 de la LIRPF.

• Los derechos de contenido económico derivados de las primas satisfechas por el sujeto pasivo a los contratos de seguro colectivo, distintos de los planes de previsión social empresarial, que instrumenten los compromisos por pensiones asumidos por las empresas, en los términos de la disposición adicional primera de la LPFP y su normativa de desarrollo, así como los derivados de las primas satisfechas por los empresarios a los citados contratos de seguro colectivo.

• Los derechos de contenido económico derivados de las aportaciones a productos paneuropeos de pensiones individuales regulados en el Reglamento (UE) 2019/1238 del Parlamento Europeo y del Consejo, de 20 de junio de 2019.

Con todo, no puede olvidarse que el IP es un **tributo que se encuentra cedido a las comunidades autónomas**; quienes, con respecto a él, podrán asumir competencias normativas sobre el mínimo exento, el tipo de gravamen y las deducciones y bonificaciones de la cuota (artículo 47 de la Ley 22/2009, de 18 de diciembre). Las deducciones y bonificaciones aprobadas por las CCAA resultarán, en todo caso, compatibles con las establecidas en la normativa estatal del impuesto y no podrán suponer una modificación de las mismas. Las deducciones y bonificaciones autonómicas se aplicarán con posterioridad a las reguladas por la normativa del Estado.

En uso de esas competencias, **algunas comunidades autónomas han incorporado determinadas ventajas fiscales en el IP por razón de discapacidad.** Básicamente, y teniendo siempre en cuenta las normas concretas que cada una establezca de cara a la consideración y acreditación como persona con discapacidad:

• **Andalucía**, la **Comunidad Valenciana** y **Extremadura** contemplan mínimos exentos específicos para personas con discapacidad. En Andalucía, el artículo 24 de la Ley 5/2021, de 20 de octubre, lo fija en 1.250.000 o 1.500.000 de euros, según el grado de discapacidad sea igual o superior al 33 % o al 65 %. La Comunidad Valenciana lo establece en 1.000.000 de euros en caso de discapacidad psíquica igual o superior al 33 % o de discapacidad física o sensorial igual o superior al 65 % (artículo 8 de la Ley 13/1997, de 23 de diciembre). En Extremadura será de 600.000, 700.000 u 800.000 euros según el grado de discapacidad sea igual o superior al 33, 50 o 65 % (artículo 14 del Decreto Legislativo 1/2018, de 10 de abril).

• Por su parte, **Aragón**, **Asturias** y **Cataluña** regulan bonificaciones de los patrimonios especialmente protegidos de contribuyentes con discapacidad, del 99 % en la parte de la cuota que proporcionalmente corresponda a los bienes o derechos que formen parte del patrimonio especialmente protegido del contribuyente constituido al amparo de la Ley 41/2003, de 18 de noviembre (con un límite de 300.000 euros en el caso de Aragón). Además, Cataluña precisa que la misma bonificación se aplicará en el caso del patrimonio protegido constituido al amparo de la Ley 25/2010, de 29 de julio. Así resulta del artículo 150-1 del Decreto Legislativo 1/2005, de 26 de septiembre, el artículo 16 del Decreto Legislativo 2/2014, de 22 de octubre, y el artículo 622-1 del Decreto Legislativo 1/2024, de 12 de marzo.

- Las **Islas Canarias** y **Castilla y León** declaran exentos los bienes y derechos de contenido económico computados para la determinación de la base imponible que formen parte del patrimonio especialmente protegido del contribuyente (artículo 29 bis del Decreto-Legislativo 1/2009, de 21 de abril, y artículo 11 del Decreto Legislativo 1/2013, de 12 de septiembre).

CUESTIÓN

¿Quién será el titular de los bienes y derechos que integran el patrimonio especialmente protegido de una persona con discapacidad constituido al amparo de la Ley 41/2003, de 18 de noviembre?

El segundo párrafo de la disposición adicional tercera de la Ley 41/2003, de 18 de noviembre, con entrada en vigor el 26 de mayo de 2023, establece que «*a los exclusivos efectos correspondientes a los beneficios fiscales establecidos en esta Ley o a los efectos fiscales correspondientes a cualquier norma tributaria estatal, se considerará que la persona con discapacidad a cuyo beneficio se constituye el patrimonio protegido es el titular de los bienes y derechos que integran dicho patrimonio y que las aportaciones realizadas al mismo por personas distintas a dicho titular constituyen transmisiones a éste a título lucrativo*».

RESOLUCIÓN ADMINISTRATIVA

Consulta vinculante de la Dirección General de Tributos (V1619-23), de 7 de junio de 2023

Asunto: posibilidad de que las CC. AA. establezcan exenciones en el IP en relación con los patrimonios especialmente protegidos de personas con discapacidad constituidos al amparo de la normativa estatal y competencia de los órganos autonómicos para resolver las consultas relativas a dichos beneficios.

«*(...) la Ley 41/2003, de 18 de noviembre, de protección patrimonial de las personas con discapacidad y de modificación del Código Civil, de la Ley de Enjuiciamiento Civil y de la Normativa Tributaria con esta finalidad, establece en las disposiciones adicionales segunda y tercera, lo siguiente:*

"Disposición adicional segunda. Exención en el Impuesto sobre el Patrimonio.

Las comunidades autónomas podrán declarar la exención en el Impuesto sobre el Patrimonio, de los bienes y derechos referidos en la Ley de protección patrimonial de las personas con discapacidad, de modificación del Código Civil, de la Ley de Enjuiciamiento Civil y de la normativa tributaria con esta finalidad."

"Disposición adicional tercera. Beneficios fiscales aplicables a los patrimonios protegidos de las personas con discapacidad constituidos con arreglo al derecho civil propio autonómico.

Todos los beneficios fiscales establecidos en esta ley, o en cualquier otra norma tributaria estatal, relativos a los patrimonios protegidos de las personas con discapacidad constituidos con arreglo a la misma, serán aplicables, en los mismos términos y condiciones, a los formalizados de acuerdo con las respectivas leyes que regulen esta figura con la misma finalidad en las distintas Comunidades Autónomas con competencias constitucionales para regular su propio derecho civil, foral o especial, en esta materia.

> *A los exclusivos efectos correspondientes a los beneficios fiscales establecidos en esta Ley o a los efectos fiscales correspondientes a cualquier norma tributaria estatal, se considerará que la persona con discapacidad a cuyo beneficio se constituye el patrimonio protegido es el titular de los bienes y derechos que integran dicho patrimonio y que las aportaciones realizadas al mismo por personas distintas a dicho titular constituyen transmisiones a éste a título lucrativo."*
>
> *(...) este Centro Directivo no puede pronunciarse sobre los beneficios fiscales relativos a los patrimonios protegidos previstos en la legislación aprobada por la Comunidad Autónoma de Cataluña, puesto que no es competente para contestar aspectos relativos a la aplicación de las disposiciones dictadas por las Comunidades Autónomas en el ejercicio de sus competencias».*

Breve referencia al Impuesto Temporal de Solidaridad de las Grandes Fortunas (ITSGF)

La **Ley 38/2022, de 27 de diciembre**, que entró en vigor el 29 de diciembre de 2022, creó un nuevo impuesto de carácter temporal, el denominado Impuesto Temporal de Solidaridad de las Grandes Fortunas (ITSGF), cuya regulación se recoge en los distintos apartados del artículo 3 de dicha norma.

Tiene por objeto gravar el patrimonio neto de las personas físicas de cuantía superior a 3.000.000 de euros y es complementario del IP. De la cuota que resulte del ITSGF se podrá deducir la cuota del IP del ejercicio efectivamente satisfecha, evitándose así la doble imposición (los sujetos pasivos solo tributarán en este impuesto por la parte de su patrimonio que no haya sido gravada por su comunidad autónoma).

A TENER EN CUENTA. El ITSGF, tal y como su propio nombre indica, fue establecido con un carácter temporal, aunque revisable. En principio, resultaría de aplicación en los dos primeros ejercicios en los que se devengase a partir de la fecha de su entrada en vigor. Conforme a ello, quienes debieran hacerlo, tributarían por él en los ejercicios 2022 y 2023 (no en vano, la Ley 38/2022, de 27 de diciembre, que creó y reguló el ITSGF, entró en vigor el 29 de diciembre de 2022, por lo que el primer devengo posterior a tal entrada en vigor se produjo el día 31 de diciembre de ese año 2022). Sin embargo, el artículo 3.Veintitrés de la Ley 38/2022, de 27 de diciembre, contempla la posibilidad de que, al término de su período de vigencia pudieran evaluarse los resultados de su aplicación y proponerse, en su caso, su mantenimiento o supresión. Y, en ese sentido, el apartado segundo de la disposición adicional quinta del Real Decreto-ley 8/2023, de 27 de diciembre, con entrada en vigor el 29 de diciembre de 2023, ha prorrogado la aplicación del ITSGF en tanto no se produzca la revisión de la tributación patrimonial en el contexto de la reforma del sistema de financiación autonómica.

El régimen jurídico de este impuesto coincide, a grandes rasgos, con la configuración del Impuesto sobre el Patrimonio a nivel estatal y, de hecho, se remite para muchos de sus elementos a la LIP (por ejemplo, en cuanto al sujeto pasivo o a las exenciones). En sus distintos apartados, **el artículo 3 de la Ley 38/2022, de 27 de diciembre, no prevé ninguna medida específica**

para las personas con discapacidad. Además, se establece expresamente que el impuesto **no podrá ser objeto de cesión a las comunidades autónomas** (apartado Dos.2).

Por lo demás, dadas las remisiones que para muchos aspectos del ITSGF se realizan a la LIP (por ejemplo, en materia de exenciones) y habida cuenta del carácter complementario de ambos impuestos, recomendamos tener presente también en este punto lo apuntado en el epígrafe previo.

5.5. Tributos locales

Beneficios fiscales para personas con discapacidad en algunos impuestos locales

El Real Decreto Legislativo 2/2004, de 5 de marzo, por el que se aprueba el texto refundido de la Ley Reguladora de las Haciendas Locales (en adelante, LRHL), regula el régimen básico de determinados impuestos que se exigirán a nivel local y prevé algunas medidas relacionadas con las personas con discapacidad. Básicamente, en el ámbito de los siguientes impuestos:

- Impuesto sobre Actividades Económicas (IAE).
- Impuesto sobre Vehículos de Tracción Mecánica (IVTM).
- Impuesto sobre Construcciones, Instalaciones y Obras (ICIO).
- Impuesto sobre el Incremento de Valor de los Terrenos de Naturaleza Urbana (IIVTNU).

A continuación, nos referiremos a los beneficios fiscales relacionados con las personas con discapacidad en estos impuestos, salvo lo relativo al IVTM o impuesto de circulación, que ya fue objeto de desarrollo en el epígrafe correspondiente a los vehículos, junto con el Impuesto Especial sobre Determinados Medios de Transporte (impuesto de matriculación).

|| Impuesto sobre Actividades Económicas

El IAE se encuentra regulado en los artículos 78 a 91 de la LRHL. Es un tributo directo de carácter real, cuyo hecho imponible está constituido por el mero ejercicio, en territorio nacional, de actividades empresariales, profesionales o artísticas, se ejerzan o no en local determinado se hallen o no especificadas en las tarifas del impuesto. Su cuota tributaria será la resultante de aplicar las tarifas del impuesto, conforme a la LRHL y las disposiciones que la complementen y desarrollen, y los coeficientes y las bonificaciones previstos por la ley y, en su caso, acordados por cada ayuntamiento y regulados en las ordenanzas fiscales respectivas.

Por lo que se refiere a las personas con discapacidad, en base al artículo 82.1.f) de la LRHL están **exentas del impuesto las asociaciones y fundaciones de personas con discapacidad** física, psíquica y sensorial, sin ánimo de lucro, por las actividades de carácter pedagógico, científico, asistenciales y de empleo que para la enseñanza, educación, rehabilitación y tutela de personas con discapacidad realicen, aunque vendan los productos de los talleres dedicados a dichos fines, siempre que el importe de dicha venta, sin utilidad para ningún particular o tercera persona, se destine exclusivamente a la adquisición de materias primas o al sostenimiento del establecimiento. La exención tiene carácter rogado y se concede a instancia de parte.

‖ Impuesto sobre Construcciones, Instalaciones y Obras

El ICIO es un impuesto que se regula en los artículos 100 a 103 de la LRHL. Se trata de un tributo indirecto cuyo hecho imponible viene dado por la realización, dentro del término municipal, de cualquier construcción, instalación u obra para la que se exija obtención de la correspondiente licencia de obras o urbanística, se haya obtenido o dicha licencia, o para la que se exija presentación de declaración responsable o comunicación previa, siempre que la expedición de la licencia o la actividad de control pertenezca al ayuntamiento de la imposición.

Respecto a los beneficios fiscales relacionados con personas con discapacidad, se regula una bonificación potestativa en el artículo 103.2.e) de la LRHL. Así, las **ordenanzas fiscales pueden regular una bonificación de hasta el 90 % a favor de construcciones, instalaciones u obras que favorezcan las condiciones de acceso y habitabilidad de las personas con discapacidad.** Esta bonificación se aplicará a la cuota resultante de aplicar, en su caso, las bonificaciones a que se refieren los párrafos anteriores del precepto.

Por lo demás, la regulación de los restantes aspectos sustantivos y formales de la bonificación se establecerá en ordenanza fiscal, que, entre otras materias, determinará si cabe o no la aplicación simultánea de todas o algunas de las bonificaciones que señala el artículo.

‖ Impuesto sobre el Incremento de Valor de los Terrenos de Naturaleza Urbana

El IIVTNU, comúnmente conocido como «plusvalía municipal», es un impuesto que se encuentra regulado en los artículos 104 a 110 de la LRHL. Es un tributo directo, que grava el incremento de valor que experimentan los terrenos y se ponga de manifiesto como consecuencia de la transmisión de la propiedad de los terrenos por cualquier título o la constitución o transmisión de cualquier derecho real de goce, limitativo de dominio, sobre los referidos terrenos. No están sujetos los terrenos que tienen la consideración de rústicos en el IBI.

Respecto a los beneficios fiscales, el artículo 104.3 de la LRHL señala que no están sujetos al impuesto en los supuestos de **transmisiones de bienes inmuebles a título lucrativo** en beneficio de las hijas, hijos, menores o **personas con discapacidad sujetas a patria potestad, tutela o con medidas de apoyo para el adecuado ejercicio de su capacidad jurídica, cuyo ejercicio se llevará a cabo por las mujeres fallecidas como consecuencia de violencia contra la mujer,** en los términos en que se defina por la ley o por los instrumentos internacionales ratificados por España, cuando estas transmisiones lucrativas traigan causa del referido fallecimiento.

ANEXO.
CASOS PRÁCTICOS

Caso práctico | Forma de regularizar en IRPF el exceso cobrado anticipadamente de la deducción por persona con discapacidad a cargo

PLANTEAMIENTO

Un contribuyente cobró el abono anticipado de la deducción por cónyuge no separado legalmente con discapacidad a cargo a lo largo del ejercicio 2023. El problema es que anticipadamente ha percibido un importe superior al que realmente le correspondía por la deducción, así que su gestor le ha indicado que debe regularizar esa situación ante la Agencia Tributaria.

¿Cómo tendrá que hacerlo?

RESPUESTA

Si el importe de la deducción por cónyuge no separado legalmente con discapacidad a cargo no se corresponde con el de su abono anticipado, el contribuyente tiene que regularizar su situación tributaria mediante el ingreso de las cantidades percibidas en exceso, algo que se realizará de forma distinta según tenga o no obligación de declarar.

El artículo 60 bis.4.3.º del RIRPF se refiere a este supuesto, indicando que «*cuando el importe de cada una de las deducciones no se correspondiera con el de su abono anticipado, los contribuyentes deberán regularizar tal situación en su declaración por este Impuesto. En el supuesto de contribuyentes no obligados a declarar, tal regularización se efectuará mediante el ingreso de las cantidades percibidas en exceso en el lugar, forma y plazo que determine la Ministra de Hacienda*».

Por lo tanto, en el caso de que el importe de la deducción por cónyuge no separado legalmente con discapacidad a cargo no se corresponda con el de su abono anticipado, el contribuyente deberá regularizar su situación tributaria mediante el **ingreso de las cantidades percibidas en exceso por abono anticipado**. A esos efectos, hay que diferenciar dos supuestos:

- **Contribuyente no obligado a declarar.** Si el contribuyente no está obligado a declarar, el ingreso de las cantidades por abono anticipado percibidas en exceso tendrá que realizarse a través de la presentación del **modelo 122**, «IRPF. Deducciones por familia numerosa, por personas con discapacidad a cargo o por ascendiente con dos hijos separado legalmente o sin vínculo matrimonial. Regularización del derecho a la deducción por contribuyentes no obligados a presentar declaración», aprobado por la Orden HFP/105/2017, de 6 de febrero. No en vano, el artículo 6 de dicha orden especifica que «*los contribuyentes no obligados a presentar declaración por el Impuesto sobre la Renta de las Personas Físicas deberán regularizar su situación tributaria, cuando el abono anticipado* *percibido por cada una de las deducciones establecidas en el artículo 81 bis de la Ley 35/2006, de 28 de noviembre, del Impuesto sobre la Renta de las Personas Físicas, exceda de la cuantía de la deducción a la que tengan derecho, mediante la presentación del modelo 122»*. Tendrá que presentarse en el **plazo comprendido entre la fecha en la que los pagos anticipados se hayan percibido en exceso hasta que finalice el plazo para la presentación de la declaración del impuesto correspondiente al ejercicio** en el que se haya percibido el pago anticipado en exceso (artículo 7 de la orden mencionada).

- **Contribuyente obligado a declarar**. Cuando el contribuyente tenga obligación de declarar, deberá regularizar su situación en la **declaración del IRPF correspondiente al ejercicio** 2023, en caso de que la cantidad percibida del abono anticipado exceda del importe que le corresponda aplicar en su declaración por deducción por cónyuge no separado legalmente con discapacidad a cargo.

En ese sentido se pronuncia, por ejemplo, la consulta vinculante de la Dirección General de Tributos (V0188-23), de 7 de febrero de 2023.

Caso práctico | Límites de la reducción en IRPF por aportaciones a patrimonio especialmente protegido de persona con discapacidad existiendo varios aportantes

PLANTEAMIENTO

Un contribuyente, viudo, convive con su hijo Lorenzo, de 28 años. Lorenzo tiene reconocido un grado de discapacidad del 45 % y se encuentra sometido a medidas de apoyo para el ejercicio de su capacidad jurídica, ejercidas por el progenitor.

Con el objetivo de garantizar el futuro de Lorenzo, se ha constituido a su favor un patrimonio especialmente protegido al amparo de la Ley 41/2003, de 18 de noviembre; al cual se realizaron las siguientes aportaciones gratuitas en 2023:

- El padre aportó 9.500 euros.
- Los dos hermanos mayores de Lorenzo aportaron 6.000 euros cada uno.
- Su hermana menor aportó 4.000 euros.

¿Qué reducción podrá aplicarse cada uno de ellos en su declaración del IRPF de 2023 por las aportaciones realizadas al patrimonio protegido de la persona con discapacidad?

RESPUESTA

Tanto el padre como los hermanos de Lorenzo son contribuyentes cuyas aportaciones pueden dar derecho a la reducción en IRPF del artículo 54 de la LIRPF, siempre que concurran los requisitos que para la constitución del patrimonio protegido y las aportaciones al mismo exige (en este caso) la Ley 41/2003, de 18 de noviembre, y el resto de las condiciones requeridas por la normativa fiscal. Además, las reducciones no podrán superar determinados límites, como se verá a continuación.

El artículo 54 de la LIRPF regula las reducciones por aportaciones a patrimonios protegidos de las personas con discapacidad en los siguientes términos:

> «1. Las aportaciones al patrimonio protegido de la persona con discapacidad efectuadas por las **personas que tengan con el mismo una relación de parentesco en línea directa o colateral hasta el tercer grado inclusive**, así como por el cónyuge de la persona con discapacidad o por aquellos que lo tuviesen a su cargo en régimen de tutela o acogimiento, darán derecho a **reducir la base imponible del aportante, con el límite máximo de 10.000 euros anuales.**
>
> El conjunto de las reducciones practicadas por todas las personas que efectúen aportaciones a favor de un mismo patrimonio protegido no podrá exceder de 24.250 euros anuales.

A estos efectos, cuando concurran varias aportaciones a favor de un mismo patrimonio protegido, las reducciones correspondientes a dichas aportaciones habrán de ser **minoradas de forma proporcional sin que, en ningún caso, el conjunto de las reducciones practicadas por todas las personas físicas que realicen aportaciones a favor de un mismo patrimonio protegido pueda exceder de 24.250 euros anuales.**

2. Las aportaciones que excedan de los límites previstos en el apartado anterior darán derecho a reducir la base imponible de los **cuatro períodos impositivos siguientes**, hasta agotar, en su caso, en cada uno de ellos los importes máximos de reducción.

Lo dispuesto en el párrafo anterior también resultará aplicable en los supuestos en que no proceda la reducción por insuficiencia de base imponible.

Cuando concurran en un mismo período impositivo reducciones de la base imponible por aportaciones efectuadas en el ejercicio con reducciones de ejercicios anteriores pendientes de aplicar, se practicarán en primer lugar las reducciones procedentes de los ejercicios anteriores, hasta agotar los importes máximos de reducción.

3. Tratándose de aportaciones no dinerarias se tomará como importe de la aportación el que resulte de lo previsto en el artículo 18 de la Ley 49/2002, de 23 de diciembre, de régimen fiscal de las entidades sin fines lucrativos y de los incentivos fiscales al mecenazgo.

4. No generarán el derecho a reducción las aportaciones de elementos afectos a la actividad que efectúen los contribuyentes de este Impuesto que realicen actividades económicas.

En ningún caso darán derecho a reducción las aportaciones efectuadas por la propia persona con discapacidad titular del patrimonio protegido.

5. La disposición de cualquier bien o derecho aportado al patrimonio protegido de la persona con discapacidad efectuada en el período impositivo en que se realiza la aportación o en los cuatro siguientes tendrá las siguientes consecuencias fiscales:

(...)».

Así las cosas, **tanto el padre como los hermanos podrían beneficiarse de esta reducción** por las aportaciones efectuadas, siempre que concurran los requisitos exigidos por la normativa fiscal (y con sus límites) y que, además, se hayan respetado los **requisitos y procedimientos que la Ley 41/2003, de 18 de noviembre, establece para la constitución del patrimonio protegido y para las aportaciones** al mismo [así lo resalta, por ejemplo, la consulta vinculante de la Dirección General de Tributos (V3113-23), de 30 de noviembre de 2023].

A TENER EN CUENTA. Por ejemplo, la Ley 41/2003, de 18 de noviembre, exige que las aportaciones posteriores a la constitución del patrimonio se realicen mediante documento público autorizado por notario o mediante resolución judicial, sea cual sea la naturaleza de los bienes o derechos aportados.

Por lo que se refiere en concreto a los **límites de la reducción**, las aportaciones realizadas en el ejercicio podrán ser objeto de reducción en la base imponible con los siguientes límites máximos:

- 10.000 euros anuales para cada aportante y por el conjunto de patrimonios protegidos a los que realice aportaciones.

- 24.250 euros anuales para el conjunto de las reducciones practicadas por todas las personas que efectúen aportaciones a favor de un mismo patrimonio protegido.

Por otra parte, en caso de que concurran varias aportaciones a favor de un mismo patrimonio protegido, las reducciones correspondientes a dichas aportaciones tendrán que minorarse de forma proporcional al importe de las aportaciones respectivas, sin que, en ningún caso, el conjunto de las reducciones practicadas por todas las personas físicas que realicen aportaciones a favor de un mismo patrimonio protegido pueda exceder de 24.250 euros anuales.

En esa medida:

a) Como primer paso, habrá que ver las aportaciones efectuadas por cada uno de ellos:

- Aportación realizada por el padre: 9.500 euros.
- Aportaciones realizadas por los hermanos: 6.000 + 6.000 + 4.000 = 16.000 euros.
- Total aportaciones de todos ellos en 2023: 9.500 + 16.000 = 25.500 euros.

b) Las aportaciones realizadas superan el límite máximo que la norma establece para el conjunto de las reducciones a practicar por todas las personas que efectúen aportaciones a favor de un mismo patrimonio protegido, que es de 24.250 euros anuales. Por lo tanto, las reducciones tendrán que minorarse de forma proporcional al importe de las aportaciones efectuadas por cada uno, conforme a la siguiente regla:

$$\text{Reducción a aplicar} = (24.250 \,/\, \text{aportaciones totales}) \times \text{aportación del contribuyente de que se trate}$$

Así, la reducción que cada uno de los aportantes podrá aplicar en la declaración del ejercicio 2023 será la siguiente:

- **Padre:** (24.250 / 25.500) x 9.500 = 0,95098 x 9.500 = **9.034,31 euros.**
- **Hermano mayor 1:** (24.250 / 25.500) x 6.000 = 0,95098 x 6.000 = **5.705,88 euros.**
- **Hermano mayor 2:** (24.250 / 25.500) x 6.000 = 0,95098 x 6.000 = **5.705,88 euros.**
- **Hermana menor:** (24.250 / 25.500) x 4.000 = 0,95098 x 4.000 = **3.803,92 euros.**

Los excesos darán derecho a reducir la base imponible de los cuatro períodos impositivos siguientes, hasta agotar, en su caso, en cada uno de ellos los importes máximos de reducción, en los términos que señala el artículo 54 de la LIRPF antes reproducido.

Caso práctico | Límites reducción IRPF por aportaciones a plan de pensiones de persona con discapacidad concurriendo aportaciones propias y de un progenitor

PLANTEAMIENTO

Lorena, con una discapacidad física del 68 %, tiene constituido a su favor un plan de pensiones ajustado al régimen financiero de la disposición adicional cuarta de la LPFP.

A lo largo de 2023, Lorena y su madre realizaron las siguientes aportaciones a dicho plan de pensiones:

- Lorena aportó la cantidad de 19.000 euros.
- Su madre aportó 7.000 euros.

¿Qué reducción en IRPF por aportaciones a planes de pensiones de personas con discapacidad podrán aplicarse Lorena y su madre en sus declaraciones individuales?

RESPUESTA

Entendiendo que se cumplen los requisitos para ello, Lorena y su madre podrán aplicarse la reducción que establece el artículo 53 de la LIRPF, con los límites máximos que de ese precepto resultan. En principio, parece que en la declaración de la renta del ejercicio 2023 Lorena podría aplicarse una reducción de 19.000 euros y su progenitora una de 5.250 euros.

El artículo 53 de la LIRPF regula las reducciones por aportaciones y contribuciones a sistemas de previsión social constituidos a favor de personas con discapacidad y establece:

> «1. Las aportaciones realizadas a **planes de pensiones a favor de personas con discapacidad con un grado de minusvalía física o sensorial igual o superior al 65 por ciento,** psíquica igual o superior al 33 por 100, así como de personas que tengan una incapacidad declarada judicialmente con independencia de su grado, de acuerdo con lo previsto en la disposición adicional décima de esta Ley, podrán ser objeto de reducción en la base imponible con los siguientes límites máximos:
>
> a) Las **aportaciones anuales realizadas a planes de pensiones a favor de personas con discapacidad con las que exista relación de parentesco** o tutoría, con el límite de 10.000 euros anuales.
>
> Ello sin perjuicio de las aportaciones que puedan realizar a sus propios planes de pensiones, de acuerdo con los límites establecidos en el artículo 52 de esta ley.

b) Las **aportaciones anuales realizadas por las personas con discapacidad partícipes,** con el límite de 24.250 euros anuales.

El **conjunto** de las reducciones practicadas por todas las personas que realicen aportaciones a favor de una misma persona con discapacidad, incluidas las de la propia persona con discapacidad, **no podrá exceder de 24.250 euros anuales.** A estos efectos, cuando concurran varias aportaciones a favor de la persona con discapacidad, **habrán de ser objeto de reducción, en primer lugar, las aportaciones realizadas por la propia persona con discapacidad, y sólo si las mismas no alcanzaran el límite de 24.250 euros señalado, podrán ser objeto de reducción las aportaciones realizadas por otras personas a su favor** en la base imponible de éstas, de forma proporcional, sin que, en ningún caso, el conjunto de las reducciones practicadas por todas las personas que realizan aportaciones a favor de una misma persona con discapacidad pueda exceder de 24.250 euros.

c) Las aportaciones que no hubieran podido ser objeto de reducción en la base imponible por insuficiencia de la misma podrán reducirse en los cinco ejercicios siguientes. Esta regla no resultará de aplicación a las aportaciones y contribuciones que excedan de los límites previstos en este apartado 1

(...)».

Por lo tanto, cada una podrá reducirse las siguientes cantidades:

a) **Lorena**

- Aportación realizada: 19.000 euros.
- Límite máximo de reducción: 24.250 euros.
- Reducción que podrá aplicar en el ejercicio 2023: **19.000 euros.**

b) **Su madre**

- Aportación realizada: 7.000 euros.
- Límite máximo de reducción conforme al artículo 53 de la LIRPF:

El conjunto de las reducciones practicadas por todas las personas que realicen aportaciones a favor de una misma persona con discapacidad, incluidas las de la propia persona con discapacidad, no podrá exceder de 24.250 euros anuales.

En este supuesto, concurren varias aportaciones a favor de la persona con discapacidad, así que deberán ser objeto de reducción por el siguiente orden: en primer lugar, las aportaciones realizadas por la propia persona con discapacidad; y, solo si las mismas no alcanzan el límite de 24.250 euros, podrán ser objeto de reducción las aportaciones que otras personas hubieran realizado a su favor, de forma proporcional. El conjunto de las reducciones practicadas por todas las personas que realizan aportaciones a favor de una misma persona con discapacidad no puede exceder en ningún caso de 24.250 euros.

Es decir, a la hora de aplicar las reducciones tiene prioridad la persona con discapacidad (Lorena) y, como sus aportaciones fueron de 19.000 euros, su madre solo podrá aplicarse la reducción por el exceso hasta 24.250 euros (límite máximo conjunto). De modo que el límite máximo de la reducción que se podrá aplicar la madre será: 24.250 - 19.000 = 5.250 euros anuales.

- Reducción que podrá aplicar en el ejercicio 2023: **5.250 euros.**

Caso práctico | ¿Se puede aplicar la exención en el IVTM desde la solicitud de reconocimiento inicial de grado de discapacidad?

PLANTEAMIENTO

A una persona, propietario y conductor de uso exclusivo de un vehículo turismo, se le ha reconocido un grado de discapacidad del 42 % en fecha 4 de mayo de 2023 ¿Cabe solicitar la exención en el Impuesto municipal de circulación (IVTM) con efectos retroactivos a los períodos anteriores desde que se inició la solicitud del reconocimiento inicial del grado de discapacidad el día 7 de abril de 2021?

RESPUESTA

El IVTM se regula en los artículos 92 a 99 de la Ley Reguladora de las Haciendas Locales (TRLRHL), en su artículo 93.1.e) señala que estarán exentos:

> «Los vehículos para personas de movilidad reducida a que se refiere el apartado A del anexo II del Reglamento General de Vehículos, aprobado por el Real Decreto 2822/1998, de 23 de diciembre.
>
> Asimismo, **están exentos los vehículos matriculados a nombre de personas con discapacidad para su uso exclusivo.** Esta exención se aplicará en tanto se mantengan dichas circunstancias, tanto a los vehículos conducidos por personas con discapacidad como a los destinados a su transporte.
>
> Las exenciones previstas en los dos párrafos anteriores no resultarán aplicables a los sujetos pasivos beneficiarios de ellas por más de un vehículo simultáneamente.
>
> A efectos de lo dispuesto en este párrafo, se considerarán personas con discapacidad quienes tengan esta condición legal en grado igual o superior al 33 por ciento».

Continúa indicando el artículo en su apartado segundo, que para que se puedan aplicar la exención, los interesados deben de solicitar la concesión indicando las características del vehículo, matricula y la causa del beneficio. Una vez que la administración municipal declare la exención, se expide documento acreditativo de su concesión.

Respecto a los efectos constitutivos o meramente declarativos de la resolución de la concesión, se tiene en cuenta los señalado en el artículo 137.1 del Real Decreto 1065/2007, de 27 de julio, que indica que *«el reconocimiento de los beneficios fiscales surtirá efectos desde el momento que establezca la normativa aplicable o, en su defecto, desde el momento de su concesión».*

Con todo lo expuesto y en base a la consulta vinculante de la Dirección General de Tributos (V1064-21), de 22 de abril de 2021 «*la exención regulada en el artículo 93.1.e) del TRLRHL, como beneficio fiscal de carácter rogado, a falta de especificación en la normativa reguladora (el TRLRHL), y teniendo en cuenta el principio de reserva de ley en materia de beneficios fiscales establecido por el artículo 8 de la Ley 58/2003, de 17 de diciembre, General Tributaria, resulta de aplicación desde la fecha en que se dicte la resolución por la que se conceda la misma y, por tanto, surte efectos desde el devengo del impuesto siguiente a dicha fecha. No pudiendo, en consecuencia, otorgar efectos retroactivos a la resolución por la que se conceda dicha exención*».

Por lo que, si la exención es aplicable desde la fecha de la resolución del reconocimiento, tendrá efectos desde el devengo siguiente a dicha fecha, salvo que la ordenanza fiscal del IVTM del ayuntamiento competente establezca lo contrario.

Caso práctico | Impuesto sobre Sociedades. Cálculo de la deducción por creación de empleo para trabajadores con discapacidad

PLANTEAMIENTO

La empresa A tenía, durante el año 2022, cinco trabajadores con un grado de discapacidad acreditado igual o superior al 33 % y menor del 65 %. Con fecha 1 marzo de 2023, la empresa contrata a una persona con un grado de discapacidad acreditado del 40 % y en fecha 1 de junio de 2023 se jubila una de las personas con un grado de discapacidad del 47 % que tenía contratada en 2022, y contrata, en esa misma fecha, a otra con un grado de discapacidad del 66 %.

1. ¿Se podrá aplicar la bonificación por creación de empleo para trabajadores con discapacidad?

2. ¿Cómo se calcula el promedio de trabajadores con un grado de discapacidad?

RESPUESTA

1. La empresa A podrá practicar la bonificación por creación de empleo para trabajadores con un grado de discapacidad en 2023 por importe de 2.250 euros por los trabajadores con un grado de discapacidad igual o superior al 33 % y menor del 65 %, y de 6.960 euros por el trabajador con un grado de discapacidad del 66 %.

Ya que el artículo 38 de la LIS establece:

«1. Será deducible de la cuota íntegra la cantidad de 9.000 euros por cada persona/año de incremento del promedio de plantilla de trabajadores con discapacidad en un grado igual o superior al 33 por ciento e inferior al 65 por ciento, contratados por el contribuyente, experimentado durante el período impositivo, respecto a la plantilla media de trabajadores de la misma naturaleza del período inmediato anterior.

2. Será deducible de la cuota íntegra la cantidad de 12.000 euros por cada persona/año de incremento del promedio de plantilla de trabajadores con discapacidad en un grado igual o superior al 65 por ciento, contratados por el contribuyente, experimentado durante el período impositivo, respecto a la plantilla media de trabajadores de la misma naturaleza del período inmediato anterior.

3. Los trabajadores contratados que dieran derecho a la deducción prevista en este artículo no se computarán a efectos de la libertad de amortización con creación de empleo regulada en el artículo 102 de esta Ley».

2. En primer lugar, se debe calcular si se produce un **incremento en el promedio de trabajadores con un grado de discapacidad igual o superior al 33 % y menor del 65 %:**

Promedio de plantilla con discapacidad igual o superior al 33 % y menor del 65 % en 2022: 5 personas.

Cálculo de variaciones en 2023:

- Debemos calcular el incremento en el promedio de trabajadores con un grado de discapacidad igual o superior al 33 % e inferior al 65 % que supone el trabajador que se incorpora a la empresa en el mes de marzo de 2023:

  De marzo a diciembre 2023 = 10 meses.

  (10/12) x 1 = 0,83.

- Debemos calcular la disminución que supone el trabajador con un grado de discapacidad igual o superior al 33 % e inferior al 65 % que se jubila en junio de 2023:

  De junio a diciembre: 7 meses.

  (7/12) x 1 = 0,58.

Promedio de plantilla con un grado de discapacidad igual o superior al 33 % y menor del 65 % en 2023:

5 + 0,83 - 0,58 = 5,25.

Incremento del promedio de las personas trabajadoras con discapacidad igual o superior al 33 % y menor del 65 % en 2023: **0,25.**

Cálculo de la deducción que la empresa podrá aplicar por el incremento del promedio de las personas trabajadoras con un grado de discapacidad igual o superior al 33 % y menor del 65 % en 2023: 2.250 euros

9.000 euros x 0,25 = 2.250 euros.

Incremento en el promedio de trabajadores con un grado de discapacidad igual o superior al 65 %:

Trabajadores con un grado de discapacidad igual o superior al 65 % en 2022: 0

Trabajadores con discapacidad igual o superior al 65 % en 2023: **0,58**

(7/12) x 1 = 0,58.

Cálculo de la deducción que la empresa podrá aplicar por el incremento del promedio de las personas trabajadoras con un grado de discapacidad igual o superior al 65 %: 6.960 euros.

12.000 euros x 0,58 = 6.960 euros.

A TENER EN CUENTA. A efectos del cálculo de esta deducción, únicamente se tiene en cuenta el grado de discapacidad, siendo indiferente si se trata de una discapacidad física, psíquica o sensorial, de acuerdo a lo expuesto en la consulta vinculante de la Dirección General de Tributos (V2587-15), de 7 de septiembre de 2015.